まんが

四賢婦人物語

時代を切り開いた矢嶋家の人々

発《はっ》刊《かん》のことば

平成《へいせい》二十八（二〇一六）年《ねん》四月《がつ》十四日午後《ごご》九時《じ》二十六分《ふん》「前震《ぜんしん》」、同《どう》十六日午前《にちごぜん》一時《じ》二十五分《ふん》「本震《ほんしん》」発生《はっせい》。観測史上初《かんそくしじょうはつ》となる二度《にど》の震度《しんど》七の激震《げきしん》、「平成《へいせい》二十八年熊本地震《ねんくまもとじしん》」により、私《わたし》たちの大切《たいせつ》な美《うつく》しい故郷《ふるさと》・益城町《ましきまち》は甚大《じんだい》な被《ひ》害《がい》を受《う》けました。

本書《ほんしょ》は、女子教育《じょしきょういく》や女性《じょせい》の地位向上《ちいこうじょう》に尽力《じんりょく》し、近代日本《きんだいにほん》における男女共同参画社会実現《だんじょきょうどうさんかくしゃかいじつげん》の礎《いしずえ》を築《きず》いた、「竹崎順子《たけざきじゅんこ》」・「徳富《とくとみ》久子《ひさこ》」・「横井《よこい》つせ子《こ》」・「矢嶋楫子《やじまかじこ》」ら姉妹《しまい》「四賢婦人《しけんふじん》」の顕彰事業《けんしょうじぎょう》として、地震発生以前《じしんはっせいいぜん》よりその制作《せいさく》が計画《けいかく》されておりました。ところが、地震《じしん》による甚大《じんだい》な被害《ひがい》を目《め》の前《まえ》にして、その計画《けいかく》は断念《だんねん》せざるを得《え》ない状況《じょうきょう》にありました。

しかしながら、原作者《げんさくしゃ》・齊藤輝代先生《さいとうてるよせんせい》、作画者《さくがしゃ》・瀧玲子先生《たきれいこせんせい》、監修者《かんしゅうしゃ》・四賢婦人記念館案内人《しけんふじんきねんかんあんないにん》「はらからの会《かい》」会員《かいいん》の皆様《みなさま》の熱意《ねつい》とご尽力《じんりょく》により発刊《はっかん》することができました。本書《ほんしょ》の制作《せいさく》に関《かか》わられた皆様《みなさま》へ、ここに深《ふか》く感謝《かんしゃ》の意《い》を表《ひょう》します。

『まんが　四賢婦人物語《しけんふじんものがたり》　～時代《じだい》を切《き》り開《ひら》いた矢嶋家《やじまけ》の人々《ひとびと》～』では、「四賢婦人《しけんふじん》」の生《お》い立《た》ちやその功績《こうせき》はもとより、これらの偉人《いじん》を生《う》み育《そだ》てた矢嶋家《やじまけ》の家庭教育方針《かていきょういくほうしん》やその環境《かんきょう》を、わかりやすく理解《りかい》することができる内容《ないよう》となっております。これは現代《げんだい》の家庭教育《かていきょういく》や地域教育《ちいききょういく》においても、参考《さんこう》にすべき多《おお》くのヒントがあると考《かんが》えます。ぜひ、ご家族《かぞく》みなさんで読《よ》まれることをお薦《すす》めいたします。

末筆《まっぴつ》ではありますが、益城町《ましきまち》の復旧《ふっきゅう》・復興《ふっこう》に多大《ただい》なるご支援《しえん》とご協力《きょうりょく》を賜《たまわ》りました全国《ぜんこく》の皆様《みなさま》に、厚《あつ》く御礼申《おんれいもう》し上《あ》げます。

令和元年《れいわがんねん》七月《がつ》一日《ついたち》

熊本県益城町長《くまもとけんましきちょうちょう》

西《にし》　村《むら》　博《ひろ》　則《のり》

主《おも》な登《とう》場《じょう》人《じん》物《ぶつ》

四賢婦人《しけんふじん》

竹崎順子《たけざきじゅんこ》

矢嶋家《やじまけ》の3女《じょ》。夫律次郎《おっとりつじろう》を支《ささ》えた。晩年《ばんねん》は熊本《くまもと》の女子教育《じょしきょういく》に力《ちから》を尽《つ》くし、熊本女学校《くまもとじょがっこう》の舎監《しゃかん》、後《のち》に校長《こうちょう》となった。

徳富久子《とくとみひさこ》

矢嶋家《やじまけ》の4女《じょ》。女子教育《じょしきょういく》の大切《たいせつ》さを訴《うった》え、熊本《くまもと》に「女学会《じょがっかい》」の基礎《きそ》を作《つく》る。上京後《じょうきょうご》は楫子《かじこ》の矯風会《きょうふうかい》を支援《しえん》した。

横井つせ子《よこいつせこ》

矢嶋家《やじまけ》の5女《じょ》。小楠《しょうなん》の後妻《ごさい》となり時雄《ときお》とみや子《こ》を産《う》む。主婦《しゅふ》として家《いえ》を守《まも》る妻《つま》を小楠《しょうなん》は「君子《くんし》」と称《たた》えた。

矢嶋楫子《やじまかじこ》（勝子《かつこ》）

矢嶋家《やじまけ》の6女《じょ》。上京後《じょうきょうご》、東京《とうきょう》の女子《じょし》学院初代学院長《がくいんしょだいがくいんちょう》、日本《にほん》キリスト教婦《きょうふ》人矯風会会頭《じんきょうふうかいかいとう》となり女性《じょせい》の地位向上《ちいこうじょう》に尽《つ》くした。

四賢婦人《しけんふじん》の両親《りょうしん》

矢嶋忠左衛門直明《やじまちゅうざえもんなおあき》

四賢婦人《しけんふじん》の父《ちち》で惣庄屋《そうじょうや》として大《おお》きな功績《こうせき》を残《のこ》した。文武両道《ぶんぶりょうどう》に優《すぐ》れ、情愛細《じょうあいこま》やかな人柄《ひとがら》は住民《じゅうみん》から尊敬《そんけい》された。

矢嶋鶴子《やじまつるこ》（旧姓三村《きゅうせいみむら》）

四賢婦人《しけんふじん》の母《はは》で「良妻賢母《りょうさいけんぼ》の鑑《かがみ》」と評《ひょう》された。夫《おっと》を支《ささ》え、質素倹約《しっそけんやく》の生活《せいかつ》の中《なか》で子供《こども》たちの教育《きょういく》に力《ちから》を注《そそ》いだ。

矢嶋源助直方《やじまげんすけなおかた》

矢嶋《やじま》家《け》の長男《ちょうなん》。横井小楠《よこいしょうなん》に実学《じつがく》を学《まな》び、惣庄屋《そうじょうや》の父《ちち》を助《たす》けた。明治新政府《めいじしんせいふ》の官吏《かんり》。晩年《ばんねん》は故郷《こきょう》のために働《はたら》いた。

竹崎律次郎《たけざきりつじろう》（茶堂《さどう》）

順子《じゅんこ》の夫《おっと》。木下《きのした》家《け》から竹崎《たけざき》家《け》の養子《ようし》となる。実学《じつがく》を学《まな》び、「肥後藩政改革案《ひごはんせいかいかくあん》」を書《か》く。私塾《しじゅく》「日新堂《にっしんどう》」を開《ひら》く。

徳富一敬《とくとみかずたか》（淇水《きすい》）

久子《ひさこ》の夫《おっと》。小楠《しょうなん》の一番弟子《いちばんでし》として実学《じつがく》を学《まな》び、「肥後藩政改革案《ひごはんせいかいかくあん》」を書《か》く。常《つね》に長男猪一郎《ちょうなんいいちろう》の活躍《かつやく》を支《ささ》えた。

横井小楠《よこいしょうなん》

つせ子《こ》の夫《おっと》。熊本藩士《くまもとはんし》横井《よこい》家《け》の次男《じなん》。政治道徳《せいじどうとく》を行《おこな》う「実学《じつがく》」を説《と》き、松平春嶽《まつだいらしゅんがく》や幕末《ばくまつ》の志士《しし》に進《すす》むべき道《みち》を示《しめ》した。

徳富猪一郎《とくとみいいちろう》（蘇峰《そほう》）

久子《ひさこ》の長男《ちょうなん》。洋学校《ようがっこう》に学《まな》び、同志社英学校《どうししゃえいがっこう》へ進《すす》む。帰熊《きゆう》し大江義塾《おおえぎじゅく》を開《ひら》く。東京《とうきょう》で出版社《しゅっぱんしゃ》や国民新聞社《こくみんしんぶんしゃ》を創立《そうりつ》。

徳富健次郎《とくとみけんじろう》（蘆花《ろか》）

久子《ひさこ》の3男《なん》。兄猪一郎《あにいいちろう》に連《つ》れられ同志社英学校《どうししゃえいがっこう》に学《まな》ぶ。小説家《しょうせつか》となり『不如帰《ほととぎす》』『竹崎順子《たけざきじゅんこ》』等多《などおお》くの作品《さくひん》を発表《はっぴょう》。

ジェーンズ

熊本洋学校《くまもとようがっこう》の教師《きょうし》として来日《らいにち》。熊本《くまもと》の優秀《ゆうしゅう》な若者《わかもの》を導《みちび》いた。明治《めいじ》9年《ねん》まで、農業《のうぎょう》や様々《さまざま》な洋風《ようふう》の文化《ぶんか》も伝《つた》えた。

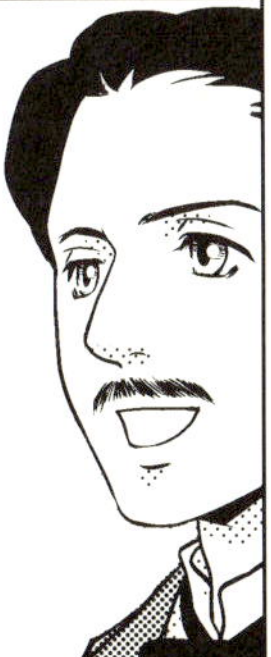

横井時雄《よこいときお》

横井《よこい》つせ子《こ》の長男《ちょうなん》。熊本洋学《くまもとようがっ》校《こう》に学《まな》び、同志社英学校《どうししゃえいがっこう》第《だい》1回卒業《かいそつぎょう》。同志社大学《どうししゃだいがく》3代《だい》総長《そうちょう》。衆議院議員《しゅうぎいんぎいん》となる。

目《もく》次《じ》

発刊《はっかん》のことば …… 1
主《おも》な登場人物《とうじょうじんぶつ》 …… 2
プロローグ　丹塗《にぬ》りの眼鏡橋《めがねばし》 …… 5
第《だい》１章《しょう》　矢嶋家《やじまけ》の働《はたら》き …… 9
解説《かいせつ》「横井小楠《よこいしょうなん》」 …… 41
第《だい》２章《しょう》　竹崎順子《たけざきじゅんこ》　熊本《くまもと》の女子教育《じょしきょういく》の先駆《さきが》け …… 45
第《だい》３章《しょう》　徳富久子《とくとみひさこ》　２人《ふたり》の天才《てんさい》の母《はは》として …… 77
第《だい》４章《しょう》　横井《よこい》つせ子《こ》　献身《けんしん》と奉仕《ほうし》の生涯《しょうがい》 …… 101
解説《かいせつ》「明治期《めいじき》の熊本実学党系《くまもとじつがくとうけい》の教育《きょういく》」 …… 125
第《だい》５章《しょう》　矢嶋楫子《やじまかじこ》　女性《じょせい》の生《い》きやすい社会《しゃかい》を求《もと》めて …… 129
第《だい》６章《しょう》　矢嶋源助直方《やじまげんすけなおかた》と他《ほか》の姉妹《しまい》たち …… 163
資料《しりょう》 …… 167
益城町《ましきまち》のすがた
益城町《ましきまち》の文化財《ぶんかざい》
矢嶋家関係地図《やじまけかんけいちず》
家系図《かけいず》
矢嶋家関係年表《やじまけかんけいねんぴょう》
あとがき …… 182
主《おも》な参考文献《さんこうぶんけん》 …… 183

プロローグ　丹塗《にぬ》りの眼鏡橋《めがねばし》
熊本城《くまもとじょう》から東《ひがし》に20キロほどの所《ところ》に益城町大字杉堂《ましきまちおおあざすぎどう》という村落《そんらく》がある
熊本城《くまもとじょう》
荒瀬橋《あらせばし》は大雨《おおあめ》のたびに流《なが》されよったもんなー
江戸《えど》の終《お》わりの頃《ころ》文化元年《ぶんかがんねん》（1804）秋《あき》、杉堂村《すきどうむら》の入《い》り口《ぐち》を流《なが》れる荒瀬川《あらせがわ》に珍《めずら》しい丹塗《にぬ》りの眼鏡橋《めがねばし》が架《か》けられた
この村《むら》に住《す》む矢嶋弥平次《やじまやへいじ》が私財《しざい》をなげうって架《か》けた橋《はし》である
眼鏡橋《めがねばし》になって安心《あんしん》ばい
弥平次《やへいじ》さんな大《たい》した男《おとこ》ばい
弥平次《やへいじ》は伊勢参《いせまい》りの帰《かえ》り道《みち》に岩国《いわくに》の錦帯橋《きんたいきょう》に立《た》ち寄《よ》り橋《はし》の架《か》け方《かた》を学《まな》んで帰《かえ》ったという
錦帯橋《きんたいきょう》
弥平次《やへいじ》の功績《こうせき》は認《みと》められ『一領一疋《いちりょういっぴき》』となった

一領一疋《いちりょういっぴき》…鎧《よろい》ひとそろい・馬一頭《うまいっとう》を所有《しょゆう》する士分格《しぶんかく》（武士《ぶし》の身分《みぶん》）の郷士《ごうし》。

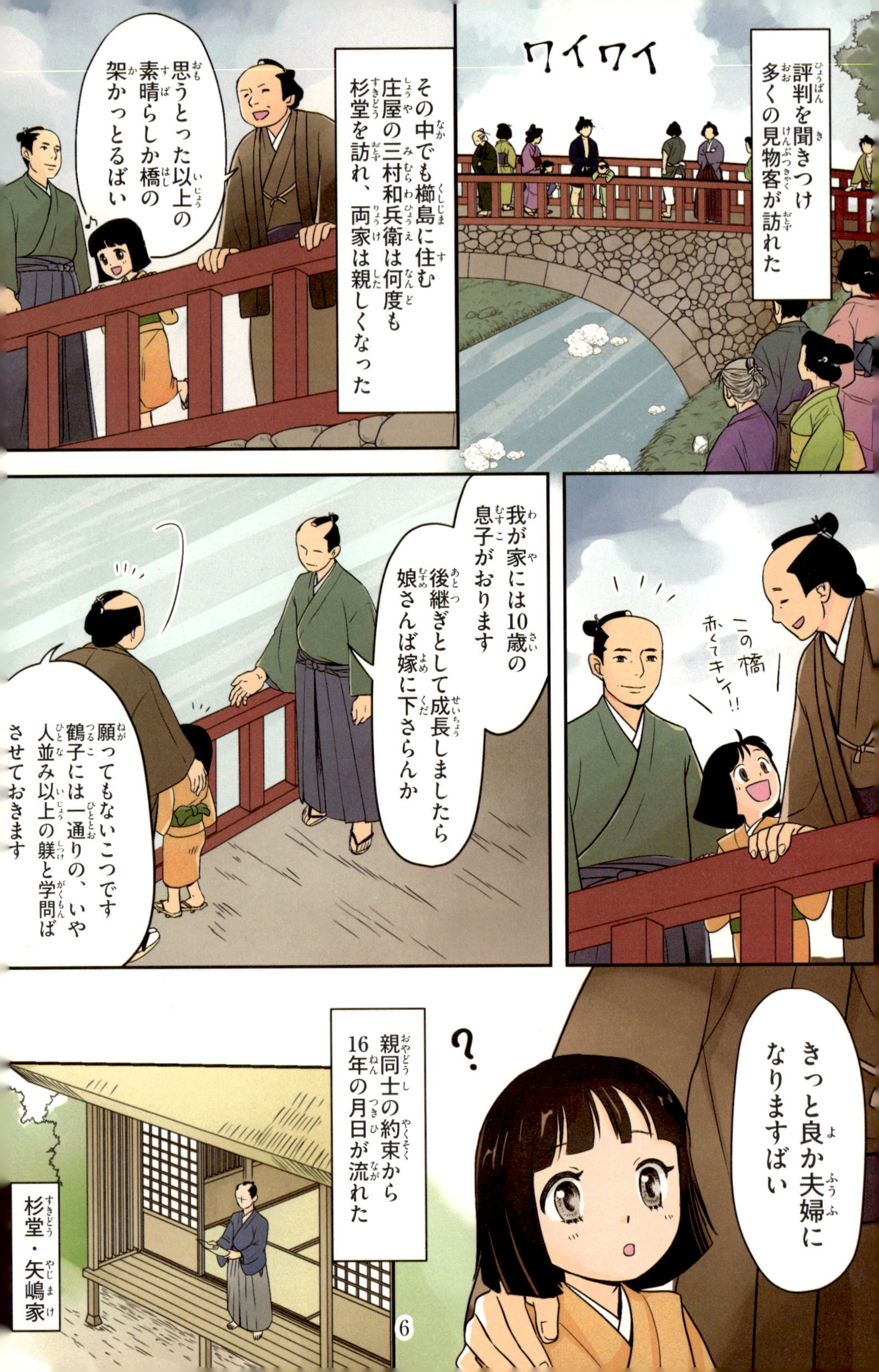

評判《ひょうばん》を聞《き》きつけ多《おお》くの見物客《けんぶつきゃく》が訪《おとず》れた
ワイワイ
その中《なか》でも櫛島《くしじま》に住《す》む庄屋《しょうや》の三村和兵衛《みむらわひょうえ》は何度《なんど》も杉堂《すぎどう》を訪《おとず》れ、両家《りょうけ》は親《した》しくなった
思《おも》うとった以上《いじょう》の素晴《すば》らしか橋《はし》の架《か》かっとるばい
この橋赤くてキレイ!!
我《わ》が家《や》には10歳《さい》の息子《むすこ》がおります 後継《あとつ》ぎとして成長《せいちょう》しましたら娘《むすめ》さんば嫁《よめ》に下《くだ》さらんか
願《ねが》ってもないこつです 鶴子《つるこ》には一通《ひととお》りの、いや人並《ひとな》み以上《いじょう》の躾《しつけ》と学問《がくもん》ばさせておきます
きっと良《よ》か夫婦《ふうふ》になりますばい
?
親同士《おやどうし》の約束《やくそく》から16年《ねん》の月日《つきひ》が流《なが》れた
杉堂《すぎどう》・矢嶋家《やじまけ》

矢嶋家《やじまけ》の長男直明《ちょうなんなおあき》は、学問《がくもん》はもちろん
武芸《ぶげい》にも優《すぐ》れた逞《たくま》しい若者《わかもの》に成長《せいちょう》した
これからは世《よ》のため人《ひと》のために働《はたら》くぞ!
直明《なおあき》（26歳《さい》）
8年《ねん》の熊本遊学《くまもとゆうがく》
真面目《まじめ》な修行《しゅぎょう》の中《なか》で誠実《せいじつ》で
愛情豊《あいじょうゆた》かな人格《じんかく》はさらに磨《みが》かれた
櫛島《くしじま》・三村家《みむらけ》
細川《ほそかわ》のお殿様《とのさま》からお前達《まえたち》2人《ふたり》にご褒美《ほうび》をいただいたよ
巨銀だぞ
立派《りっぱ》に育《そだ》ってくれて…
子供が親を大切にするのは当《あ》たり前《まえ》のことです
これからはもっともっと孝行《こうこう》いたします
兄《あに》・章太郎《しょうたろう》
（後《のち》に惣庄屋《そうじょうや》になる）
鶴子《つるこ》は兄《あに》と同《おな》じように学問《がくもん》をし
特《とく》に本《ほん》の読《よ》み書《か》きが好《す》きで
裁縫《さいほう》、音曲《おんぎょく》なども得意《とくい》な
優《やさ》しく思《おも》いやりのある
女性《じょせい》に成長《せいちょう》した
鶴子《つるこ》

矢嶋《やじま》忠左衛門《ちゅうざえもん》直明《なおあき》（26）と三村《みむら》鶴子《つるこ》（22）は文政《ぶんせい》2年《ねん》（1819）に結婚《けっこん》した

三村家《みむらけ》・矢嶋家《やじまけ》家系図《かけいず》

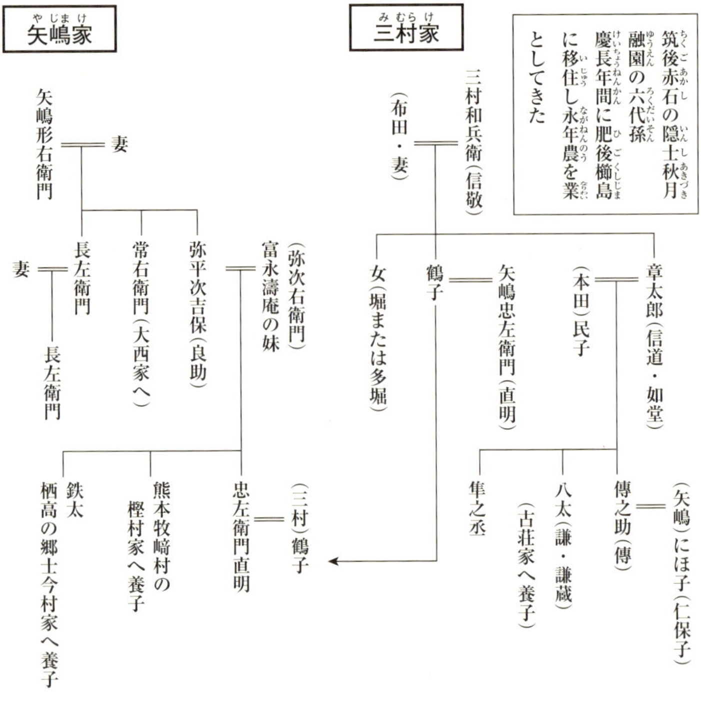
筑後《ちくご》赤石《あかし》の隠士《いんし》秋月《あきづき》融園《ゆうえん》の六代孫《ろくだいそん》慶長年間《けいちょうねんかん》に肥後櫛島《ひごくしじま》に移住《いじゅう》し永年《ながねん》農《のう》を業《なりわい》としてきた
三村家《みむらけ》
三村和兵衛（信敬）
（布田・妻）
章太郎（信道・如堂）
（本田）民子
矢嶋忠左衛門（直明）
鶴子
女（堀または多堀）
傳之助（傳）
（矢嶋）にほ子（仁保子）
八太（謙・謙蔵）
（古荘家へ養子）
隼之丞
矢嶋家《やじまけ》
矢嶋形右衛門
妻
弥平次吉保（良助）
常右衛門（大西家へ）
長左衛門
妻
長左衛門
（弥次右衛門）
富永濤庵の妹
忠左衛門直明
（三村）鶴子
熊本牧崎村の
樫村家へ養子
鉄太
栖高の郷士今村家へ養子

第《だい》１章《しょう》　矢嶋家《やじまけ》の働《はたら》き
杉堂《すきどう》での７年間《ねんかん》～２男《なん》３女《じょ》の誕生《たんじょう》～
矢嶋家《やじまけ》の住《す》む杉堂《すきどう》は、周囲《しゅうい》を山《やま》に囲《かこ》まれた盆《ぼん》の底《そこ》のような小《ちい》さな村落《そんらく》である
家《いえ》の前《まえ》には道《みち》を隔《へだ》てて布田川《ふたがわ》が流《なが》れ、阿蘇《あそ》の伏流水《ふくりゅうすい》が清《きよ》らかな流《なが》れとなっている
パシャー
わぁ、冷《つめ》たい！
パシャ
本当《ほんとう》に、ここの水《みず》は透《す》き通《とお》ってきれいなこと　疲《つか》れや苦労《くろう》まで洗《あら》い流《なが》してくれそうだわ
パシャ
炊けた？
どうぞ
ちょうどいい柔《やわ》らかさね

10カ月《げつ》寝《ね》かせればうまか味噌《みそ》になりますばい
麹《こうじ》を多《おお》めにして塩《しお》を少《すく》なめにして甘口《あまくち》の味噌《みそ》に…
甘《あま》かと、カビが生《は》えやすいて言《い》いますばい
甘《あま》いのと辛《から》いのと2種類《しゅるい》作《つく》りましょう
へぇー 若嫁《わかよめ》さんは賢《かしこ》かなー
まめなれ、まめなれ豆《まめ》に働《はたら》かねば…
世《よ》の中《なか》はただ豆《まめ》なれやまめなれやからき仕業《しわざ》に身《み》をくだくとも
フワァ…
それは何《なん》の言葉《ことば》だろか？
どぎゃん意味《いみ》だろか？
和歌《わか》というものです 自分《じぶん》の気持《きも》ちを五七五七七《ごしちごしちしち》で表《あらわ》してみました

どんな時《とき》でも、私《わたし》は一生懸命《いっしょうけんめい》働《はたら》きます
つらい仕事《しごと》でも力《ちから》をつくし生《い》きてまいります
というくらいの意味《いみ》です
さすがな～
おどんたちもそぎゃん気持《きも》ちで前向《まえむ》きに生《い》きまっしゅい
ただいま
ご苦労様《くろうさま》でございました
何《なん》だい、これは
あっ
よか歌《うた》だね
世の中は
ただ豆なれや

郡代手付横目役《ぐんだいてつけよこめやく》…郡中《ぐんちゅう》の取《と》り締《し》まり、惣庄屋《そうじょうや》や在《ざい》御家人《ごけにん》（郷士《ごうし》）を調査《ちょうさ》し郡代《ぐんだい》に報告《ほうこく》する役目《やくめ》。

唐物抜荷改方横目役《からものぬけにあらためかたよこめやく》…唐物《からもの》など禁止《きんし》された品《しな》が持《も》ち込《こ》まれないように、街道筋《かいどうすじ》、海辺《うみべ》などで監視《かんし》する役目《やくめ》。

天保《てんぽう》2年《ねん》（1831）8月《がつ》17日《にち》5女《じょ》つせ子《こ》誕生《たんじょう》
天保《てんぽう》4年《ねん》（1833）4月《がつ》24日《か》、6女勝子《じょかつこ》誕生《たんじょう》
よい子《こ》じゃ、よい子《こ》じゃ 丈夫《じょうぶ》そうな体《からだ》つきをして ほらほら
あ〜
立派《りっぱ》な赤子《あかご》でございます
今度《こんど》こそは男《おとこ》の子《こ》をと願《がん》をかけていましたのに
ヒョコッ
ワラワラ
抱《だ》っこさせて〜

赤《あか》ん坊《ぼう》には、お七夜《しちや》が過《す》ぎても名前《なまえ》が付《つ》けられなかった
わたくしが名《な》づけ親《おや》になってもよかでしょうか
騒々《そうぞう》しい家《いえ》の中《なか》をたくましく生《い》きていける名前《なまえ》でしょう？
かつ
いい名《な》だね お順《じゅん》 面倒《めんどう》みておくれ
はい、お久《ひさ》やおつせと一緒《いっしょ》に面倒《めんどう》みます
鶴子《つるこ》の教育方針《きょういくほうしん》は「してみせて言《い》って聞《き》かせてさせてみて誉《ほ》めてやらねば人《ひと》は動《うご》かぬ」であった

丁寧《ていねい》に書《か》き写《うつ》すのですよ
はい
いろはにほへとちりぬるを…
順《じゅん》と久《ひさ》には百人一首《ひゃくにんいっしゅ》や古今和歌集《こきんわかしゅう》などの歌《うた》を書《か》いてあげましょう
母《かあ》さんの字《じ》はキレイね
こんなの書《か》けるようになりたいな
源助《げんすけ》は男《おとこ》ですから漢文《かんぶん》も学《まな》ばなければなりませんよ
はい
漢字《かんじ》は一語一語《いちごいちご》に意味《いみ》があるから面白《おもしろ》いですね
私《わたし》たちも論語《ろんご》を読《よ》みたいな〜
手習《てなら》いの後《あと》は糸紡《いとつむ》ぎをしましょう 早《はや》く終《お》わったら論語《ろんご》を読《よ》みますよ
やったぁ！

早《はや》く終《お》わらせよう！
カラカラ…
今日《きょう》もよく手伝《てつだ》いができました
では、皆《みんな》で声《こえ》を出《だ》して覚《おぼ》えましょう
子《し》いわく、学《まな》びて思《おも》わざれば…
子《し》いわく、学《まな》びて思《おも》わざれば…
娘《むすめ》たちは母《はは》の教《おし》えに従《したが》い家庭《かてい》を守《まも》る術《すべ》を素直《すなお》に学《まな》んだ
味噌《みそ》、醤油《しょうゆ》、酒《さけ》の類《たぐい》まで女《おんな》が造《つく》り1年分《ねんぶん》を蓄《たくわ》えた

夜《よる》になると糸《いと》を紡《つむ》ぎ、
機《はた》を織《お》った
針仕事《はりしごと》にも励《はげ》んだ
幼《おさな》い頃《ころ》から
自給自足《じきゅうじそく》の生活《せいかつ》を
教《おし》えられた
秋祭《あきまつり》――
ザワ
ザワ…
鶴子《つるこ》は質素倹約《しっそけんやく》の生活《せいかつ》の中《なか》で
心《こころ》を豊《ゆた》かにしたいと手作《てづく》りの
美《うつく》しい小物《こもの》を作《つく》った
こんにちはー！っ
なかでも鹿《か》の子絞《こしぼ》りの
かんざしは母《はは》の愛情《あいじょう》が
いっぱい込《こ》められていた

木山神宮《きやまじんぐう》（地震前《じしんまえ》）

今年《ことし》の髪飾《かみかざ》りは
また一段《いちだん》と美《うつく》しゅうて
ほんなこつ
よう似合《にあ》って
あんな髪飾《かみかざ》りが
ほしいな〜
ガラ…
どうか全《すべ》ての人々《ひとびと》が
穏《おだ》やかな日々《ひび》を
過《す》ごせますように
村々《むらむら》が実《みの》り豊《ゆた》かに
栄《さか》えますように
翌年《よくとし》の天保《てんぽう》9年（1838）
7女《じょ》の貞子《さだこ》が誕生《たんじょう》した
長女《ちょうじょ》
三村《みむら》にほ子《こ》
4女《じょ》
久子《ひさこ》
長男《ちょうなん》
矢嶋源助《やじまげんすけ》
3女《じょ》
順子《じゅんこ》
次女《じじょ》
藤島《ふじしま》もと子《こ》
5女《じょ》
つせ子《こ》
6女《じょ》
勝子《かつこ》
7女《じょ》
貞子《さだこ》

湯浦《ゆのうら》での３年間《ねんかん》
〜矢嶋家《やじまけ》、徳富家《とくとみけ》の運命《うんめい》の出会《であ》い〜
天保《てんぽう》9年《ねん》（1838）直明《なおあき》は惣庄屋《そうじょうや》見習《みなら》いとして葦北郡湯浦《あしきたぐんゆのうら》へ栄転《えいてん》した
ザザ…
手永《てなが》…肥後藩《ひごはん》では領内《りょうない》を手永《てなが》と呼《よ》ばれる区画《くかく》に分《わ》けて、その責任者《せきにんしゃ》として惣庄屋《そうじょうや》をおいた。
同《おな》じ頃《ころ》、水俣《みなまた》の郷士《ごうし》徳富美信《とくとみよしのぶ》が佐敷手永《さしきてなが》へ惣庄屋《そうじょうや》として赴任《ふにん》してきた
歳《とし》も同じ45歳で長男《ちょうなん》の源助《げんすけ》と美信《よしのぶ》の長男一敬《ちょうなんかずたか》も同じ17歳《さい》
家族《かぞく》ぐるみの付《つ》き合《あ》いが始《はじ》まった
よういらした
お出迎《でむか》え ありがとうございます

船《ふね》でたったの一里《いちり》です いつでも遊《あそ》びに来《き》てください
海《うみ》の暮《く》らしは初《はじ》めてで子供《こども》たちが喜《よろこ》んでいます
キャ
アハハ
あの、痩《や》せて一番元気《いちばんげんき》な久《ひさ》さんば一敬《かずたか》の嫁《よめ》にくださらんか
願《ねが》ってもないありがたいお話《はなし》です
久子《ひさこ》はまだまだ幼《おさな》いばかりです
よいときが来《き》ましたらお願《ねが》いします

ザザ…
従妹《いとこ》の清《きよ》が横井家《よこいけ》の長男《ちょうなん》に嫁《とつ》いでいるが弟《おとうと》の平四郎《へいしろう》さんはすごいぞ
どれほどすごいのかい
時習館《じしゅうかん》を改革《かいかく》しようとしたほどだ
肥後藩《ひごはん》を、いや日本《にほん》を導《みちび》いてくれるお方《かた》だと信《しん》じとる
話《はなし》を聞《き》いてみたいなぁ
それなら共《とも》に熊本《くまもと》へ行《い》って横井家《よこいけ》に住《す》み込《こ》むことにしよう！
横井小楠《よこいしょうなん》（平四郎《へいしろう》）
時習館《じしゅうかん》…肥後藩《ひごはん》の藩校《はんこう》。宝暦《ほうれき》4年《ねん》（1754）、6代藩主《だいはんしゅ》細川重賢《ほそかわしげかた》により設立《せつりつ》され、翌年開校《よくねんかいこう》。
共《とも》に学問《がくもん》を学《まな》ぼう
世《よ》の中《なか》を良《よ》くするぞ！
矢嶋《やじま》と徳富《とくとみ》の出会《であ》いによって思想家《しそうか》横井小楠《よこいしょうなん》を師《し》と仰《あお》ぐ強《つよ》い絆《きずな》が生《う》まれたのだった

源助は熊本遊学から
久《ひさ》しぶりに家《うち》に帰《かえ》った
ただいま…
ギャーーッ
バタ
バタ
何事《なにごと》だ!?
あんたが もっと…
なによ 姉さん だって…
わああ…
オロ オロ
いいかげんにしろ!!
母《かあ》さんは
病気《びょうき》なのか

4人《にん》ともそこに正座《せいざ》しなさい
久々《ひさびさ》に帰《かえ》ったと思《おも》ったら…この騒々《そうぞう》しさは何事《なにごと》だ
今日《きょう》はたまたま騒《さわ》いでいただけ心配《しんぱい》しないで
いいや、たまたまであったとしてもだ母《かあ》さんが病気《びょうき》なのに配慮《はいりょ》もできないような妹《いもうと》たちでは不安《ふあん》だよ
申《もう》し訳《わけ》ありませんこれからは仲良《なかよ》くします
許《ゆる》して下《くだ》さい
力《ちから》を合《あ》わせて母《かあ》さんを助《たす》けて欲《ほ》しいのだよ
このままだと私《わたし》が学問《がくもん》をやめて家《うち》に帰《かえ》るしかないな

兄さんはそこまで心配《しんぱい》しているの
姉妹仲良《しまいなかよ》く力《ちから》を合《あ》わせて母《かあ》さんを助《たす》けます
ニヤ…
そうか…
お前《まえ》たちがそれほどに言《い》うのであれば
安心《あんしん》して学問《がくもん》に励《はげ》めるよ
お願《ねが》い…家《うち》にもどられた時《とき》には漢文《かんぶん》など教《おし》えて
よし、わかった昼間《ひるま》は忙《いそが》しいから明《あ》け方《がた》に素読《そどく》をしようか
ワッ
頑張《がんば》りまーす!
わっ嬉《うれ》しい!
よかったね
早起《はやお》きしなくっちゃ

明朝《みょうちょう》は暗《くら》いうちに起《お》きるぞ
はい！
この日《ひ》を境《さかい》に姉妹《しまい》は力《ちから》を合《あ》わせて家事《かじ》を手伝《てつだ》い、学問《がくもん》にも励《はげ》みあった
母《かあ》さんが読《よ》んでくれた『姫鑑《ひめかがみ》』は、女《おんな》の生《い》き方《かた》の手本《てほん》なのよ
結婚《けっこん》したらどんな時《とき》も夫《おっと》に従《したが》いその親《おや》に孝行《こうこう》しなさいという教《おし》えね
この本《ほん》に書《か》かれているような生《い》き方《かた》ができるかな…
今日《きょう》から『姫鑑《ひめかがみ》』の誓《ちか》いをしましょう
清《きよ》く正《ただ》しく
天保《てんぽう》11年《ねん》（1840）順子《じゅんこ》は16歳《さい》で伊倉《いくら》の竹崎律次郎《たけざきりつじろう》に嫁《とつ》いだ
湯浦《ゆのうら》の役宅《やくたく》は久子《ひさこ》、つせ子《こ》、勝子《かつこ》、貞子《さだこ》の4人《にん》の姉妹《しまい》になった
源助《げんすけ》は熊本《くまもと》で学問《がくもん》に励《はげ》んでいた

湯浦《ゆのうら》に来《き》て3年《ねん》
3年《ねん》なんてあっという間《ま》ね
海辺《うみべ》の生活《せいかつ》も楽《たの》しかった
次《つぎ》はどんなところかしら
中山手永《なかやまてなが》だから山《やま》の中《なか》ということは確《たし》かよ
あれ、母さんは？
向こうで何か書いてたわよ
残《のこ》しゆく庭《にわ》の桜《さくら》も今日《きょう》よりは
のちのあるじと共《とも》に栄《さか》えよ
今日《きょう》からは次《つぎ》の住人《じゅうにん》のために美《うつく》しく咲《さ》いてくださいね
鶴子《つるこ》の奥《おく》ゆかしい人柄《ひとがら》、優《やさ》しさを伝《つた》える和歌《わか》である

中山手永《なかやまてなが》での15年間《ねんかん》
〜惣庄屋矢嶋家《そうじょうややじまけ》、一家総出《いっかそうで》の村興《むらおこ》し〜
直明《なおあき》は惣庄屋《そうじょうや》として さらに石高《こくだか》の多《おお》い （1万《まん》5千石程《せんごくほど》） 下益城郡中山手永《しもましきぐんなかやまてなが》へと 栄転《えいてん》した
肥後《ひご》のいたるところで 飢饉《ききん》になっている 凶作《きょうさく》に備《そな》えて義倉《ぎそう》を 各村《かくむら》に作《つく》り、米《こめ》を蓄《たくわ》えよう
米沢藩《よねざわはん》では 箱倉《はこくら》というものを作《つく》り 米《こめ》を貯蔵《ちょぞう》しているそうです 米沢藩《よねざわはん》に誰《だれ》か遊学《ゆうがく》させて 作《つく》り方《かた》を学《まな》ばせては
さっそく遊学《ゆうがく》させよう 村《むら》が豊《ゆた》かになることは どんどん取《と》り入《い》れるぞ
村《むら》の収穫量《しゅうかくりょう》を増《ふ》やすために 田畑《たはた》をひらき、水《みず》を引《ひ》くための 「岩野用水《いわのようすい》」を作《つく》った

早朝《そうちょう》4時《じ》
くぁ…
朝《あさ》の暗《くら》いうちに出《で》かけても誰《だれ》も来《き》ていませんよ
だから早《はや》く出《で》かけるのだよ
今日《きょう》も一番乗《いちばんの》りですね
ワイッ ワイ…
あっ
わしらももっと早《はや》く来《こ》んといかんばい
朝早《あさはや》い方が作業《さぎょう》はよう進《すす》むばい
もう矢嶋様《やじまさま》は来《こ》られとる!
おはようございます!!
おはよう!!

惣庄屋《そうじょうや》の私《わたし》らが汗《あせ》を流《なが》せば村人《むらびと》の心《こころ》は一《ひと》つにまとまり村全体《むらぜんたい》が活気《かっき》づいてくるんだよ
岩野《いわの》、中村《なかむら》、石原《いしはら》の村人《むらびと》は農閑期《のうかんき》には用水工事《ようすいこうじ》に汗水《あせみず》を流《なが》した
そして用水路《ようすいろ》は5カ年《ねん》の歳月《さいげつ》をかけて完成《かんせい》した
全長約《ぜんちょうやく》4キロの井手《いで》は地域《ちいき》の田畑《たはた》16町《ちょう》（16ヘクタール）を潤《うるお》し、約《やく》800俵《ひょう》の米《こめ》が増産《ぞうさん》できるようになった
余《あま》った米《こめ》は箱倉《はこくら》に保管《ほかん》して飢饉《ききん》に備《そな》えた
現在《げんざい》も用水路《ようすいろ》は使《つか》われている
当時《とうじ》、天然痘《てんねんとう》が大流行《だいりゅうこう》し特《とく》に幼《おさな》い命《いのち》が失《うしな》われていった
種痘《しゅとう》というものを腕《うで》にすれば天然痘《てんねんとう》の予防《よぼう》になるのですよ
牛《うし》から取《と》った菌《きん》を体《からだ》に植《う》え付《つ》けるなど恐《おそ》ろしくて

種痘《しゅとう》…天然痘《てんねんとう》にかからないように免疫《めんえき》をつけるための予防接種《よぼうせっしゅ》。

国中《くにじゅう》に流行病《はやりやまい》が広《ひろ》がり幼《おさな》い子《こ》どもたちが亡《な》くなった
これからは西洋医学《せいよういがく》を学《まな》ばねばなりません
占《うらな》いや漢方医学《かんぽういがく》では救《すく》えないことが多《おお》いからね
優秀《ゆうしゅう》な若者《わかもの》ば選《えら》んで長崎《ながさき》に行《い》かせましょう
蘭学《らんがく》…江戸《えど》中期以降《ちゅうきいこう》、オランダ語《ご》によって西洋《せいよう》の学術《がくじゅつ》を研究《けんきゅう》しようとした学問《がくもん》。
遊学《ゆうがく》できるなんて夢《ゆめ》んごたるです
村《むら》のためにしっかり蘭学《らんがく》ば身《み》に付《つ》けて帰《かえ》ってくるのだよ
はい、中山手永《なかやまてなが》の医療《いりょう》の発展《はってん》のために謙虚《けんきょ》な気持《きも》ちで学《まな》んできます
中山出身《なかやましゅっしん》の謙虚《けんきょ》な男《おとこ》という意味《いみ》を込《こ》めて中山至謙《なかやましけん》と名乗《なの》ってはどうだろう
ありがとうございます
よろしく頼《たの》みます

25歳《さい》の中山至謙《なかやましけん》は長崎《ながさき》・江戸《えど》で医学《いがく》を学《まな》び7年後《ねんご》に村《むら》に帰《かえ》り開業《かいぎょう》した
33歳《さい》で初代郷立病院長《しょだいごうりつびょういんちょう》に就任《しゅうにん》し天然痘《てんねんとう》を抑《おさ》えるため種痘《しゅとう》の安全性《あんぜんせい》を高《たか》める研究《けんきゅう》に取《と》り組《く》んだ
安全《あんぜん》を確認《かくにん》すると、村人《むらびと》に半強制的《はんきょうせいてき》に種痘《しゅとう》を実施《じっし》し成果《せいか》を上《あ》げ、34歳《さい》で御殿医《ごてんい》となる

矢嶋家《やじまけ》が中山手永《なかやまてなが》に来《き》て10年近《ねんちか》くの歳月《さいげつ》が流《なが》れた
20歳《さい》の久子《ひさこ》は湯浦《ゆのうら》での約束通《やくそくどお》り徳富一敬《とくとみかずたか》に嫁《とつ》いだ

御殿医《ごてんい》…江戸時代《えどじだい》の幕府《ばくふ》や大名《だいみょう》にやとわれた医者《いしゃ》。

役宅《やくたく》には源助《げんすけ》の友人知人《ゆうじんちじん》の来訪《らいほう》が多《おお》く、横井小楠《よこいしょうなん》も訪《おと》れた
小楠先生《しょうなんせんせい》ようお越《こ》しくださいました
釣《つ》りの帰《かえ》りですたくさん川魚《かわざかな》が釣《つ》れましたよ
横井小楠《よこいしょうなん》

夜《よる》は小楠《しょうなん》を中心《ちゅうしん》に議論《ぎろん》しあった
侍や農民という身分にとらわれず改革を行うべきなのだ
財政を立て直すために…
隣《となり》の部屋《へや》にいたら間違《まちが》えたり聞《き》こえなかったりするだろう
世《よ》の中《なか》のことがようわかります
こちらに来《き》て一緒《いっしょ》に話《はなし》を聞《き》けばいいよ
いいえ、ここで十分《じゅうぶん》です
知識《ちしき》は本人《ほんにん》の意欲《いよく》さえあればどんどん増《ふ》やせる
身分《みぶん》も、男《おとこ》も女《おんな》も関係《かんけい》ない世《よ》の中《なか》が必《かなら》ず来《く》る学問《がくもん》は大事《だいじ》だぞ
暮《く》らしやすい世《よ》の中《なか》にするために父子《おやこ》は議論《ぎろん》し、娘《むすめ》たちは3度《ど》の食事《しょくじ》のようにその様子《ようす》を眺《なが》めながら学《まな》んだ

ヒュウウウ…
寒《さむ》い寒《さむ》い、もうすぐ正月《しょうがつ》だから大根《だいこん》を引《ひ》き終《お》わりましたよ
ふう…
う……
どうしたの!?
母《かあ》さん!!
中風《ちゅうぶ》ですな
5カ月の闘病の後嘉永《かえい》6年《ねん》（1853）5月《がつ》21日《にち》家族《かぞく》や親《した》しい人々《ひとびと》に見守《みまも》られ、56歳《さい》の鶴子《つるこ》は静《しず》かに彼岸《ひがん》へと旅立《たびだ》った
申《もう》し分《ぶん》のない物庄屋《そうじょうや》の妻《つま》であり賢母《けんぼ》であった

私《わたし》の我《が》の強《つよ》さは母《かあ》さんも心配《しんぱい》しておんなはった…
母《かあ》さんの教《おし》えを守《まも》って生《い》きていきます
順子《じゅんこ》
つせ子《こ》
久子《ひさこ》
母《かあ》さんの健康《けんこう》をもっと心配《しんぱい》してあげればよかった
勝子《かつこ》
まだまだ教《おし》えてもらいたいことがあったのに…
貞子《さだこ》
世《よ》の中《なか》は大《おお》きく変《か》わろうとしていた
鶴子《つるこ》が亡《な》くなったひと月後《つきご》アメリカのペリーが軍艦《ぐんかん》を率《ひき》いて浦賀《うらが》に現《あらわ》れた
翌年《よくねん》の正月《しょうがつ》に再《ふたた》び訪《おとず》れ開国《かいこく》を迫《せま》っていた
母《はは》の一周忌《いっしゅうき》を済《す》ませると源助《げんすけ》は堀糸子《ほりいとこ》と結婚《けっこん》した
糸子《いとこ》は家老《かろう》長岡監物《ながおかけんもつ》の家臣《かしん》堀氏《ほりし》の娘《むすめ》で、監物《けんもつ》の妻《つま》の側《そば》に仕《つか》えていた

めでたい、めでたい
これで私《わたし》も
いつ隠居《いんきょ》しても安心《あんしん》だ
惣庄屋《そうじょうや》の仕事《しごと》は
私《わたし》が補佐役《ほさやく》で
頑張《がんば》りますよ
ふつつかな嫁《よめ》ですが
よろしくお願《ねが》い
いたします

直明《なおあき》は床《とこ》に臥《ふ》すことが多《おお》くなり、時代《じだい》の動《うご》きを心配《しんぱい》しながら、妻《つま》に遅《おく》れること2年《ねん》 現役《げんえき》のまま62歳《さい》で生涯《しょうがい》を閉《と》じた
灌水道之碑
中山手永《なかやまてなが》では矢嶋家《やじまけ》の功績《こうせき》に感謝《かんしゃ》して『矢嶋祭《やじままつり》』が催《もよお》され、現在《げんざい》も続《つづ》いている

コラム

矢嶋祭《やじままつり》 今《いま》も感謝《かんしゃ》の気持《きも》ちを伝《つた》える

惣庄屋《そうじょうや》の矢嶋忠左衛門《やじまちゅうざえもん》と息子源助《むすこげんすけ》が中山手永《なかやまてなが》で成《な》し遂《と》げた仕事《しごと》には目《め》を見張《みは》るものがありました。

忠左衛門《ちゅうざえもん》は糸原村《いとはらむら》の4人《にん》の親孝行兄弟《おやこうこうきょうだい》をほめたたえる「四孝子《よんこうし》の碑《ひ》」を建《た》てました。碑《ひ》は今《いま》も3千段《ぜんだん》の石段《いしだん》の登《のぼ》り口《くち》にあります。

村《むら》の生活《せいかつ》を豊《ゆた》かにしてくれた岩野用水《いわのようすい》は現在《げんざい》も使《つか》われ、おいしい米作《こめづく》りに役立《やくだ》っています。美里町《みさとまち》の岩野地区《いわのちく》（15戸《こ》）では、矢嶋家《やじまけ》の働《はたら》きに感謝《かんしゃ》し、毎年旧暦《まいとしきゅうれき》6月《がつ》15日《にち》ころに矢嶋祭《やじままつり》が行《おこな》われます。代表《だいひょう》2名《めい》が昼前《ひるまえ》に山中《さんちゅう》の忠左衛門《ちゅうざえもん》と天狗《てんぐ》の霊《れい》を祀《まつ》った石碑《せきひ》と、潅水道《かんすいどう》の碑《ひ》に酒肴《しゅこう》を供《そな》えて御参《おまい》りし、その後《あと》、公民館《こうみんかん》に集《あつ》まり酒宴《しゅえん》を催《もよお》し、感謝《かんしゃ》の気持《きも》ちを語《かた》り伝《つた》えています。

杉堂《すきどう》へ帰《かえ》った矢嶋家《やじまけ》
～新《あたら》しい時代《じだい》への息吹《いぶき》～
惣庄屋《そうじょうや》を返上《へんじょう》した源助《げんすけ》は妻糸子《つまいとこ》、つせ子《こ》、勝子《かつこ》、貞子《さだこ》を連《つ》れて、故郷《こきょう》の杉堂《すきどう》へ帰《かえ》った
隣村《となりむら》に夫婦《ふうふ》で住《す》んでいる順子《じゅんこ》が妹《いもうと》たちの縁談《えんだん》を心配《しんぱい》して訪《おとず》れた
父《ちち》も母《はは》もおつせと小楠先生《しょうなんせんせい》の縁談《えんだん》は身分《みぶん》が違《ちが》うと反対《はんたい》されていたが
そのうち武士《ぶし》も百姓《ひゃくしょう》もない時代《じだい》がやってくる
そうなればおつせどんは正妻《せいさい》になれるということですね
新《あたら》しい世《よ》になれば先生《せんせい》の考《かんが》えが正《ただ》しいとわかってくる
つせ子《こ》に妻《つま》として横井家《よこいけ》を支《ささ》えてほしいと先生《せんせい》も願《ねが》っておられる
もうすぐ25になります早《はや》く嫁入《よめい》りさせなければ…
つせ子《こ》はどうだ？またとない縁談《えんだん》だよ

私《わたし》でよければ参《まい》ります
つせ子《こ》は親子《おやこ》ほども歳《とし》の違《ちが》う小楠《しょうなん》に嫁《とつ》いだ
勝子《かつこ》は畑《はたけ》を耕《たがや》したり
甥《おい》や姪《めい》の読《よ》み書《か》きの面倒《めんどう》を見《み》たりと静《しず》かな日々《ひび》を送《おく》っていた
渋柿《しぶがき》や静《しず》かに秋《あき》を過《す》ごしけりだな
私《わたし》は渋柿《しぶがき》ですか
そうだよ お前《まえ》は上等《じょうとう》の渋柿《しぶがき》だ
七郎《しちろう》どんとの縁談《えんだん》はどうかな
小楠先生《しょうなんせんせい》も勧《すす》めておられる
前《まえ》の奥《おく》さんの子《こ》が3人《にん》おられる私《わたし》で務《つと》まるでしょうか
お前《まえ》ならどんな苦労《くろう》も耐《た》え忍《しの》べるはずだ 七郎《しちろう》どんはいい男《おとこ》だよ

兄《にい》さんがそう言《い》われるのなら…参《まい》ります
杉堂《すぎどう》から荒瀬橋《あらせばし》を渡《わた》った先《さき》に250石取《こくどり》の士族《しぞく》、林家《はやしけ》の屋敷《やしき》がある
勝子《かつこ》は林家《はやしけ》の養子《ようし》七郎《しちろう》に嫁《とつ》いだ
翌年《よくねん》、安政《あんせい》6年《ねん》（1859）7女貞子《じょさだこ》が22歳《さい》で惣庄屋《そうじょうや》の養子《ようし》河瀬典次《かわせのりつぐ》に嫁《とつ》いだ
優秀《ゆうしゅう》な典次《のりつぐ》は小楠《しょうなん》のそばにいて秘書《ひしょ》のような役割《やくわり》をしていた
妹《いもうと》たちも嫁《とつ》がせてしまった これからは小楠先生《しょうなんせんせい》の手足《てあし》となって新《あたら》しい国造《くにづく》りに命《いのち》をかけよう
矢嶋源助《やじまげんすけ》
横井小楠《よこいしょうなん》（5女《じょ》つせ子夫《こおっと》）
河瀬典次《かわせのりつぐ》（7女貞子夫《じょさだこおっと》）
竹崎律次郎《たけざきりつじろう》（3女順子夫《じょじゅんこおっと》）
徳富一敬《とくとみかずたか》（4女久子夫《じょひさこおっと》）
林七郎《はやししちろう》（6女勝子夫《じょかつこおっと》）
女婿《じょせい》たちは全《すべ》て小楠《しょうなん》の弟子《でし》であり小楠《しょうなん》を扇《おうぎ》の要《かなめ》として末広《すえひろ》がりの縁戚関係《えんせきかんけい》を築《きず》き、小楠《しょうなん》を支《ささ》えた

解説《かいせつ》 横《よこ》井《い》小《しょう》楠《なん》

一、困難《こんなん》を力《ちから》に変《か》える生《い》き方《かた》

横井平四郎《よこいへいしろう》（小楠《しょうなん》）は文化《ぶんか》6年《ねん》（1809）、熊本藩士《くまもとはんし》の父《ちち》時直《ときなお》と母《はは》かずの次男《じなん》として、城下《じょうか》の内坪井町《うちつぼいまち》（熊本市中央区《くまもとしちゅうおうく》）に生《う》まれました。江戸時代《えどじだい》は家《いえ》を継《つ》ぐのは長男《ちょうなん》、次男《じなん》は兄《あに》に養《やしな》ってもらう身分《みぶん》でした。

小楠《しょうなん》は8歳《さい》で藩校《はんこう》「時習館《じしゅうかん》」に入学《にゅうがく》し、一人前《いちにんまえ》の武士《ぶし》として自立《じりつ》するために、文武両道《ぶんぶりょうどう》をきわめようと努力《どりょく》しました。13歳《さい》の時《とき》「世《よ》のため人《ひと》のため役立《やくだ》つ人間《にんげん》になろう」と、親友《しんゆう》の下津《しもつ》久馬《きゅうま》と約束《やくそく》しました。

小楠像《しょうなんぞう》（熊本市東区沼山津《くまもとしひがしくぬやまづ》）

横井小楠《よこいしょうなん》　肖像《しょうぞう》

25歳《さい》で時習館《じしゅうかん》の居寮生《きょりょうせい》（藩《はん》の費用《ひよう》で時《じ》習館《しゅうかん》に住《す》める特待生《とくたいせい》）になり、29歳《さい》の時《とき》には居寮長《きょりょうちょう》に任《にん》命《めい》されました。31歳《さい》で江戸《えど》へ行《い》って学問《がくもん》をするよう藩《はん》から命《めい》じられました。

江戸《えど》では、水戸藩《みとはん》（茨城《いばらき》）の藤田東湖《ふじたとうこ》（水戸学《みとがく》の第一人者《だいいちにんしゃ》）や川路聖謨《かわじとしあきら》（徳川《とくがわ》の家臣《かしん》）など、多《おお》くの学者《がくしゃ》、名《な》だたる人物《じんぶつ》と交流《こうりゅう》しました。議論《ぎろん》の好《す》きな小楠《しょうなん》は酒《さけ》の席《せき》で失敗《しっぱい》し、熊本《くまもと》へ帰《かえ》されました。「酒失事件《しゅしつじけん》」と言《い》われています。

熊本《くまもと》へ帰《かえ》った小楠《しょうなん》は自宅謹慎《じたくきんしん》となりましたが、さらに学問《がくもん》に励《はげ》み、私塾《しじゅく》「小楠堂《しょうなんどう》」を開《ひら》きます。20人以上《にんいじょう》の若者《わかもの》が寄宿《きしゅく》して学《まな》びました。

20歳《さい》だった吉田松陰《よしだしょういん》も小楠《しょうなん》に会《あ》いに来《き》ています。民《たみ》のための理想《りそう》の政治《せいじ》をめざす小楠《しょうなん》の「実学《じつがく》」は、時習館系《じしゅうかんけい》の「学校党《がっこうとう》」と対立《たいりつ》します。

安政《あんせい》5年《ねん》（1858）福井藩主松平春嶽《ふくいはんしゅまつだいらしゅんがく》に招《まね》かれ、相談役《そうだんやく》として信頼《しんらい》され福井藩《ふくいはん》の財政改革《ざいせいかいかく》に力《ちから》をつくします。

明治《めいじ》の世《よ》になり新政府《しんせいふ》の参与《さんよ》として上京《じょうきょう》しましたが、明治《めいじ》2年《ねん》（1869）1月5日《がついつか》、朝廷《ちょうてい》から帰《かえ》る途中《とちゅう》で刺客《しかく》に襲《おそ》われ、暗殺《あんさつ》されてしまいました。61歳《さい》でした。

小楠《しょうなん》が生《い》きて新政府《しんせいふ》の御意見番《ごいけんばん》として働《はたら》いていたら、明治《めいじ》はもっと早《はや》く新《あたら》しい時代《じだい》になっていたでしょう。

二、小楠《しょうなん》の思想《しそう》と実学《じつがく》を活《い》かした福井藩《ふくいはん》

小楠《しょうなん》が目指《めざ》した「実学《じつがく》」とは、実生活《じっせいかつ》に役立《やくだ》つ学問《がくもん》、藩《はん》を豊《ゆた》かにし人々《ひとびと》の生活《せいかつ》を豊《ゆた》かにする学問《がくもん》です。「学《まな》んだ知識《ちしき》を世《よ》の中《なか》のために活用《かつよう》するべき」と、弟子《でし》たちに説《と》きました。

安政《あんせい》2年《ねん》（1855）、小楠《しょうなん》は沼山津《ぬやまづ》に移《うつ》り住《す》み「四時軒《しじけん》」としました。このころから小楠《しょうなん》は外国《がいこく》の様子《ようす》を知《し》るようになり「開国論《かいこくろん》」に考《かんが》えを変《か》えました。このままの日本《にほん》では、優《すぐ》れた技術力《ぎじゅつりょく》と大《おお》きな軍事力《ぐんじりょく》を持《も》った外国《がいこく》に飲《の》み込《こ》まれてしまうと考《かんが》え、「開国《かいこく》をして西洋《せいよう》の知識《ちしき》を取《と》り入《い》れ、強《つよ》い国《くに》を作《つく》るべきだ」と主張《しゅちょう》しました。

しかし、進歩的《しんぽてき》な小楠《しょうなん》の考《かんが》えは、熊本藩《くまもとはん》では、あまり受《う》け入《い》れられず、むしろ迫害《はくがい》されました。

江戸《えど》で酒宴中《しゅえんちゅう》に刺客《しかく》に襲《おそ》われた小楠《しょうなん》が逃《に》げだした（士道忘却《しどうぼうきゃく》事件《じけん》）のは、武士《ぶし》として非難《ひなん》されることとして、熊本藩士《くまもとはんし》の身分《みぶん》を取《と》り上《あ》げられました。収入《しゅうにゅう》がなくなった小楠《しょうなん》の生活《せいかつ》を支《ささ》えたのは福井藩主《ふくいはんしゅ》松平春嶽《まつだいらしゅんがく》や実学《じつがく》を学《まな》ぶ弟子《でし》たちでした。

松平春嶽《まつだいらしゅんがく》

一方《いっぽう》、福井藩《ふくいはん》は何度《なんど》も小楠《しょうなん》を藩《はん》に招《まね》いて教《おし》えを請《こ》いました。小楠《しょうなん》の教《おし》えに従《したが》って「殖産貿易《しょくさんぼうえき》」（輸出入《ゆしゅつにゅう》によって産業《さんぎょう》を盛《さか》んにする）を進《すす》め藩《はん》の財政難《ざいせいなん》を切《き》り抜《ぬ》けました。福井藩《ふくいはん》では小楠《しょうなん》の教《おし》えを学《まな》ぼうと藩士《はんし》たちが連日《れんじつ》押《お》しかけ、有能《ゆうのう》な人材《じんざい》が育《そだ》ちました。

小楠《しょうなん》は次々《つぎつぎ》に自分《じぶん》の考《かんが》えを文章《ぶんしょう》にして提案《ていあん》しました。「国是《こくぜ》三論《さんろん》」には国《くに》を豊《ゆた》かにする方法《ほうほう》や国力《こくりょく》を強《つよ》くして外国《がいこく》の侵略《しんりゃく》に備《そな》える方法《ほうほう》、武士《ぶし》のあり方《かた》などが述《の》べられています。

松平春嶽《まつだいらしゅんがく》と小楠《しょうなん》は江戸《えど》で会《あ》いました。小楠《しょうなん》の考《かんが》えのすばらしさに感動《かんどう》した春嶽《しゅんがく》は、彼《かれ》を政治顧問《せいじこもん》とします。

次《つぎ》に小楠《しょうなん》は「国是七条《こくぜななじょう》」を幕府《ばくふ》に提《てい》出《しゅつ》します。その中《なか》で、小楠《しょうなん》は身分《みぶん》に関係《かんけい》なく優秀《ゆうしゅう》な人材《じんざい》を用《もち》いて、話《はな》し

横井小楠《よこいしょうなん》、由利公正像《ゆりきみまさぞう》（福井市《ふくいし》）

合《あ》いによる政治《せいじ》（議会政治《ぎかいせいじ》）を提案《ていあん》しています。後《のち》に15代将軍《だいしょうぐん》となる一橋慶喜《ひとつばしよしのぶ》は、その考《かんが》えの新《あたら》しさに驚《おどろ》き、力《ちから》を貸《か》してほしいと願《ねが》います。

三、横井小楠《よこいしょうなん》と勝海舟《かつかいしゅう》・坂本龍馬《さかもとりょうま》

小楠《しょうなん》は幕末《ばくまつ》の日本《にほん》が生《う》んだ最高《さいこう》の思想家《しそうか》です。勝海舟《かつかいしゅう》は次《つぎ》のように評《ひょう》しています。

「おれは、今《いま》までに天下《てんか》で恐《おそ》ろしいものを二人《ふたり》見《み》た。それは横《よこ》井小楠《いしょうなん》と西郷南洲《さいごうなんしゅう》（隆盛《たかもり》）だ。横井《よこい》は、西洋《せいよう》のことも別《べつ》に知《し》らず、おれが教《おし》えてやったくらいだが、その思想《しそう》の高調子《たかちょうし》なことは、おれなどは、とても梯子《はしご》を掛《か》けても、およぼぬと思《おも》ったことがしばしばあったよ」

勝海舟《かつかいしゅう》が小楠《しょうなん》の思想《しそう》を認《みと》め尊敬《そんけい》していたことが分《わ》かります。西郷隆盛《さいごうたかもり》は勝海舟《かつかいしゅう》と共《とも》に「江《え》戸城無血開城《どじょうむけつかいじょう》」（戦《いくさ》をせずに江戸城《えどじょう》をあけ渡《わた》した）を成《な》し遂《と》げた人物《じんぶつ》です。

勝海舟《かつかいしゅう》

文久元年《ぶんきゅうがんねん》（1861）8月《がつ》11日《にち》、小楠《しょうなん》と海舟《かいしゅう》は江戸福井藩邸《えどふくいはんてい》で初《はじ》めて会《あ》いました。この時《とき》、小楠《しょうなん》はアメリカのことを海舟《かいしゅう》から聞《き》き、土産《みやげ》の短刀《たんとう》をもらいました。小楠《しょうなん》の二人《ふたり》の甥《おい》や門弟《もんてい》も海舟《かいしゅう》の海軍塾《かいぐんじゅく》に入門《にゅうもん》しています。

坂本龍馬《さかもとりょうま》とは文久《ぶんきゅう》2年《ねん》（1862）12月《がつ》、江戸《えど》の福井藩邸《ふくいはんてい》で初《はじ》めて会《あ》っています。小楠《しょうなん》がこれからの日本《にほん》にとってためにならない考《かんが》えを持《も》っていたら斬《き》ろうと、龍馬《りょうま》は思《おも》っていたそうですが、小楠《しょうなん》の考《かんが》えの深《ふか》さに感動《かんどう》し尊敬《そんけい》するようになりました。その後《ご》、福井《ふくい》でも二人《ふたり》は会《あ》っています。

士道忘却《しどうぼうきゃく》の罪《つみ》により沼山津《ぬやまづ》に引《ひ》きこもっていた小楠《しょうなん》を龍馬《りょうま》は3度《ど》訪《たず》ねて、これからの国《くに》のあり方《かた》について語《かた》り合《あ》いました。最後《さいご》に龍馬《りょうま》が四時軒《しじけん》を訪《おとず》れ小楠《しょうなん》に会《あ》ったのは、慶応元年《けいおうがんねん》（1865）5月《がつ》19日《にち》で、薩長同盟《さっちょうどうめい》のために鹿児島《かごしま》へ行《い》った帰《かえ》りのことです。その後《ご》、龍馬《りょうま》は兄《あに》への手紙《てがみ》の中《なか》で「明治政府《めいじせいふ》のリーダー」になるべき人物《じんぶつ》の一人《ひとり》として小楠《しょうなん》の名前《なまえ》を記《しる》しています。

坂本龍馬《さかもとりょうま》

海軍奉行《かいぐんぶぎょう》となった勝海舟《かつかいしゅう》と弟子《でし》の坂本龍馬《さかもとりょうま》は小楠《しょうなん》の考《かんが》えを実現《じつげん》しようと働《はたら》きました。

龍馬《りょうま》は慶応《けいおう》3年《ねん》（1867）11月《がつ》、京都《きょうと》の近江屋《おうみや》で中岡慎太郎《なかおかしんたろう》と共《とも》に、幕府《ばくふ》の見回《みまわ》り組《ぐみ》に襲《おそ》われ殺害《さつがい》されました。31歳《さい》でした。

四、小楠《しょうなん》の実学《じつがく》を受《う》け継《つ》いだ門弟《もんてい》たち

小楠《しょうなん》は日本《にほん》に理想《りそう》の政治《せいじ》（儒教《じゅきょう》における政治道徳《せいじどうとく》）が実現《じつげん》できたら、その考《かんが》えを外国《がいこく》にも広《ひろ》め、平和《へいわ》な世界《せかい》を実現《じつげん》したいと考《かんが》えていました。

小楠《しょうなん》の思想《しそう》は優《すぐ》れた福井門弟《ふくいもんてい》の一人《ひとり》である由利公正《ゆりきみまさ》（三岡八郎《みつおかはちろう》）によって、明治維新《めいじいしん》の基本方針《きほんほうしん》である五箇条《ごかじょう》の御誓文《ごせいもん》に受《う》け継《つ》がれました。また、熊本藩士《くまもとはんし》、井上毅《いのうえこわし》と元田永孚《もとだながざね》によって教育勅語《きょういくちょくご》の文案《ぶんあん》は作《つく》られました。

小楠《しょうなん》の甥《おい》左平太《さへいた》（22歳《さい》）と大平《だいへい》（17歳《さい》）は、慶応《けいおう》2年《ねん》（1866）4月《がつ》に当時禁止《とうじきんし》されていた海外留学《かいがいりゅうがく》をします。後《のち》に正式《せいしき》な留学《りゅうがく》と認《みと》められ、日本初《にほんはつ》の官費留学生《かんぴりゅうがくせい》となります。大平《だいへい》は20歳《さい》で帰国《きこく》し、熊本洋学校《くまもとようがっこう》の創設《そうせつ》に尽力《じんりょく》しました。

明治《めいじ》2年《ねん》（1869）に小楠《しょうなん》の一番弟子《いちばんでし》と言《い》われた徳富一敬《とくとみかずたか》と義兄《ぎけい》の竹崎律次郎《たけざきりつじろう》は「肥後藩政改革案《ひごはんせいかいかくあん》」を作《つく》り、藩《はん》に提出《ていしゅつ》しました。

明治《めいじ》3年《ねん》（1870）、熊本藩知事《くまもとはんちじ》細川護久《ほそかわもりひさ》は、小楠《しょうなん》の思想《しそう》を受《う》け継《つ》いだ実学党《じつがくとう》の門弟《もんてい》たちを藩政《はんせい》の中心《ちゅうしん》に採用《さいよう》します。大参事《だいさんじ》に長岡護美《ながおかもりよし》、参事《さんじ》に安場保和《やすばやすかず》、山田武甫《やまだたけとし》などがなりました。豪農出身《ごうのうしゅっしん》の徳富《とくとみ》と竹崎《たけざき》は民政大属《みんせいだいさかん》に任命《にんめい》され、減税《げんぜい》をして農民《のうみん》の生活《せいかつ》を救《すく》おうと提案《ていあん》しました。他《ほか》の門弟《もんてい》たちも民衆《みんしゅう》の立場《たちば》で改革《かいかく》を実行《じっこう》しました。

明治《めいじ》6年《ねん》（1873）、中央政府《ちゅうおうせいふ》から熊本県《くまもとけん》に派遣《はけん》された県令安岡良亮《けんれいやすおかりょうすけ》により、実学党《じつがくとう》はことごとく辞《や》めさせられました。

その後《ご》、実学党《じつがくとう》の門弟《もんてい》たちは自由民権運動《じゆうみんけんうんどう》や殖産興業《しょくさんこうぎょう》、教育改革《きょういくかいかく》などに取《と》り組《く》み、熊本《くまもと》の発展《はってん》のために大《おお》きな働《はたら》きをしました。

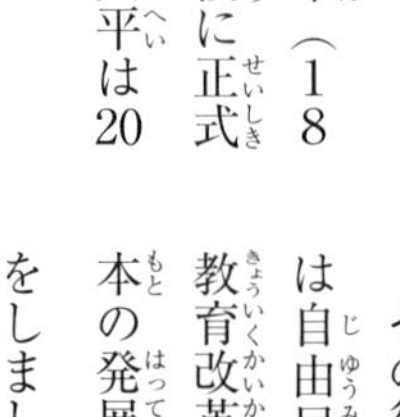
細川護久《ほそかわもりひさ》

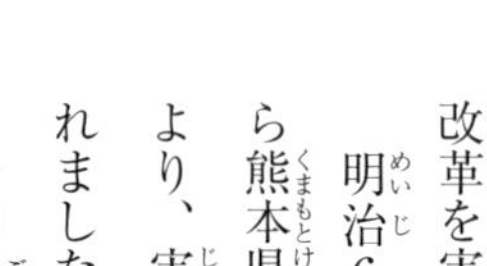
熊本製糸《くまもとせいし》（大正《たいしょう》5年頃《ねんごろ》）

第《だい》2章《しょう》　竹崎順子《たけざきじゅんこ》～熊本《くまもと》の女子教育《じょしきょういく》の先駆《さきが》け

～夫唱婦随《ふしょうふずい》の家興《いえおこ》し～

16歳《さい》の順子《じゅんこ》は、玉名郡伊倉《たまなぐんいくら》、竹崎家《たけざきけ》の養子律次郎《ようしりつじろう》と結婚《けっこん》したが、夫《おっと》が米相場《こめそうば》で失敗《しっぱい》し、竹崎家《たけざきけ》の全財産《ぜんざいさん》を失《うしな》った
18歳《さい》になった順子《じゅんこ》は風呂敷包《ふろしきづつ》み一《ひと》つで実家《じっか》へ帰《かえ》った
2年後
律次郎《りつじろう》さんを助《たす》けてお家再興《いえさいこう》のために励《はげ》みなさい
体《からだ》に気《き》をつけるのよ
父《とう》さん、母《かあ》さんもお元気《げんき》で…
勝《かつ》が布田《ふた》まで送《おく》っていきます安心《あんしん》して

弘化元年《こうかがんねん》（1844）
律次郎《りつじろう》33歳《さい》、順子《じゅんこ》20歳《さい》
こんな山里《やまざと》までよう来《き》てくれた
遠《とお》い親戚《しんせき》の惣庄屋《そうじょうや》矢野甚兵衛《やのじんべえ》を頼《たよ》り阿蘇郡布田手永《あそぐんふたてなが》に住《す》むことになった
あなたのおられる所《ところ》が私《わたし》の家《いえ》です2人《ふたり》で頑張《がんば》りましょう
よーし、しっかり働《はたら》くぞ!
こんな何《なに》もない所《ところ》で姉《ねえ》さん大丈夫《だいじょうぶ》かな
粟《あわ》や芋《いも》だけでなく色《いろ》んな作物《さくもつ》を植《う》えてみよう
田畑《たはた》を広《ひろ》げて収穫《しゅうかく》を増《ふ》やしたいですね
夫婦《ふうふ》は田畑《たはた》を開墾《かいこん》し櫨《はぜ》の木《き》や様々《さまざま》な作物《さくもつ》を植《う》えた

熊本《くまもと》の小楠先生《しょうなんせんせい》の塾《じゅく》で実学《じつがく》というものを学《まな》ぼうと思《おも》う
まあ!
素晴《すば》らしいことですわ!
家《いえ》のことは私《わたし》にお任《まか》せください
律次郎《りつじろう》は相撲町《すもうちょう》の小楠堂《しょうなんどう》で実学《じつがく》を学《まな》びながら布田《ふた》の村塾《そんじゅく》で教《おし》えた
翌年、一人娘《ひとりむすめ》の節子《せつこ》が生《う》まれた
米《こめ》がとれるように溜池《ためいけ》を作《つく》ろうと矢野様《やのさま》が考《かん》えておられる
若者《わかもの》たちの将来《しょうらい》のために収入《しゅうにゅう》になる作物《さくもつ》を増《ふ》やしたいね
お米《こめ》がとれれば布田《ふた》も豊《ゆた》かになりますね

先代《せんだい》の忘《わす》れ形見《がたみ》の新次郎《しんじろう》さん母子《おやこ》を呼《よ》んで一緒《いっしょ》に暮《く》らしましょう
竹崎家《たけざきけ》を再興《さいこう》できたら新次郎《しんじろう》に家督《かとく》を譲《ゆず》るつもりだよ
それは立派《りっぱ》なお考《かんが》えですね私《わたし》も節約《せつやく》と内職《ないしょく》に励《はげ》みます
順子《じゅんこ》は味噌《みそ》、醤油《しょうゆ》、酒《さけ》、高野豆腐《こうやどうふ》など手作《てづく》りし売《う》って歩《ある》いた
夫婦《ふうふ》のがんばりで数年後《すうねんご》には土地《とち》を買《か》い家《いえ》を建《た》てた
17年間《ねんかん》、布田《ふた》で苦労《くろう》の末《すえ》に築《きず》いた家屋敷《いえやしき》、田畑《たはた》を新次郎《しんじろう》に譲《ゆず》り、一家《いっか》は玉名《たまな》の横島干拓地《よこしまかんたくち》へと旅立《たびだ》つことになった

竹崎家《たけざきけ》・木下家家系図《きのしたけかけいず》

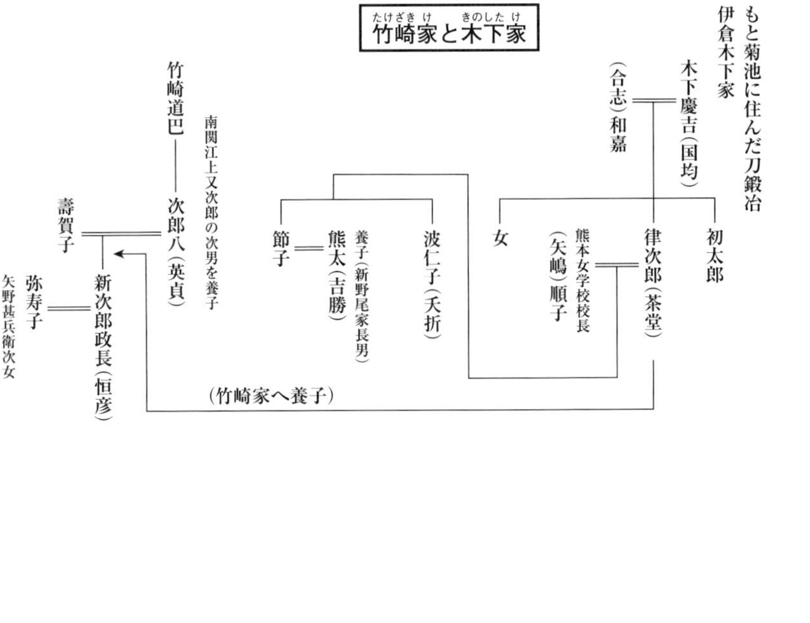

横島《よこしま》の干拓地《かんたくち》「九番新地《きゅうばんしんち》」
万延元年《まんえんがんねん》（1860）律次郎《りつじろう》は兄《あに》で惣庄屋《そうじょうや》の木下初太郎《きのしたはつたろう》から横島新地《よこしましんち》開拓《かいたく》の監督《かんとく》を頼《たの》まれた「九番新地《きゅうばんしんち》」は御赦免開《ごしゃめんびら》きの一《ひと》つである
干拓地《かんたくち》…海浜《かいひん》などに堤防《ていぼう》を築《きず》き排水《はいすい》して陸地《りくち》や耕地《こうち》にした土地《とち》。
この干拓地《かんたくち》から私《わたし》たちの新生活《しんせいかつ》は始《はじ》まるのだよ
自分《じぶん》たちの考《かんが》えで新《あたら》しい村《むら》が作《つく》れるのですね
なんだかわくわくします！
家族《かぞく》が一緒《いっしょ》に頑張《がんば》ればどんな苦労《くろう》も耐《た》えられますよ
文久《ぶんきゅう》3年《ねん》（1863）娘《むすめ》の節子《せつこ》に婿養子《むこようし》を迎《むか》えた中土村《なかどむら》の庄屋《しょうや》、新野尾家《にのおけ》の長男《ちょうなん》、熊太《くまた》である

ビョオオオ
ドォー…
ドガッ
この年《とし》の7月《がつ》、強風《きょうふう》により横島新地《よこしましんち》の堤防《ていぼう》が壊《こわ》れた
大変だ!!
ビョオオオ
ドドドドド…
早くとめろ!!
水浸《みずびた》しになってしまいましたね…

安値《やすね》になった土地《とち》を買《か》い取《と》ろう
買《か》い増《ま》せば田畑《たはた》が四十町《よんじっちょう》に増《ふ》えますね
うお
百姓《ひゃくしょう》の一家《いっか》を九番新地《きゅうばんしんち》にどんどん呼《よ》び入《い》れよう
20戸《こ》の百姓《ひゃくしょう》を抱《かか》えた九番新地《きゅうばんしんち》は『横島王国《よこしまおうこく》』と呼《よ》ばれ
4年《ねん》足《た》らずで活動《かつどう》の絶頂期《ぜっちょうき》を迎《むか》えた
子供《こども》たちの読《よ》み書《か》きから躾《しつけ》まで面倒《めんどう》を見《み》ますよ安心《あんしん》して働《はたら》いてくださいね
ありがたかこつです

ここで働《はたら》く者《もの》は約束《やくそく》を守《まも》ってもらわにゃならん『四《よん》か条《じょう》の憲法《けんぽう》』ば読《よ》み上《あ》げますばい
第一、倹約して仕事《しごと》に励《はげ》むこと
第二《だいに》、酒《さけ》は控《ひか》えること
第三《だいさん》、賭《か》け事《ごと》をする者《もの》は出《で》ていくこと
第四《だいよん》、婦人《ふじん》は農業《のうぎょう》の暇《ひま》な時《とき》に機織《はたお》りをして家族《かぞく》の着物《きもの》は決《けっ》して買《か》わないこと
厳しか決まりばってん守《まも》って働《はたら》けば暮《く》らしが楽《らく》になる
竹崎《たけざき》さんは横島《よこしま》の神《かみ》さんですけん言《い》いつけを守《まも》れば間違《まちが》いはなか
誰《だれ》でもここで暮《く》らせばしっかりした働《はたら》き手《て》になれるばい

秋《あき》

みんな、よう頑張《がんば》ってくださった
去年《きょねん》よりさらに収穫量《しゅうかくりょう》が増《ふ》えとるばい
明治《めいじ》2年《ねん》（1869）、律次郎《りつじろう》と徳富一敬《とくとみかずたか》（久子《ひさこ》の夫《おっと》）は『肥後藩政改革案《ひごはんせいかいかくあん》』を作《つく》った
徳富一敬《とくとみかずたか》
明治《めいじ》3年《ねん》（1870）7月2日《がつふつか》、改革案《かいかくあん》が藩《はん》に取《と》り上《あ》げられ小楠《しょうなん》の門弟《もんてい》たちは藩政府《はんせいふ》の役人《やくにん》として働《はたら》くことになった

肥後藩政改革案《ひごはんせいかいかくあん》…様々《さまざま》な内容《ないよう》があるが、特《とく》に税金《ぜいきん》を減《へ》らしたり農民《のうみん》の生活《せいかつ》を救《すく》うための改革《かいかく》が提案《ていあん》された。

若者《わかもの》は英語《えいご》を学《まな》び外国《がいこく》の文化《ぶんか》や医学《いがく》を取《と》り入《い》れなければならぬ
熊本洋学校《くまもとようがっこう》
律次郎《りつじろう》は1年《ねん》で藩庁《はんちょう》を退官《たいかん》した
これからは教育《きょういく》に力《ちから》を注《そそ》ごうと思《おも》う
世《よ》のため人《ひと》のために思《おも》う存分《ぞんぶん》働《はたら》いてください
私塾《しじゅく》を開《ひら》いて小楠先生《しょうなんせんせい》の教《おし》えを次《つぎ》の世代《せだい》に伝《つた》えよう
私《わたし》もお手伝《てつだ》いします
2人《ふたり》は本山《もとやま》の元武家屋敷《もとぶけやしき》に私塾《しじゅく》『日新堂《にっしんどう》』を開《ひら》いた

幼《おさな》い子供《こども》は順子《じゅんこ》が教《おし》えた
私《わたし》の着物《きもの》を解《と》いて袷《あわせ》や綿入《わたい》れに作《つく》り直《なお》し塾生《じゅくせい》に着《き》てもらいましょう
菜園《さいえん》でいろんな野菜《やさい》を栽培《さいばい》してみよう
食物《たべもの》は健康《けんこう》の基礎《きそ》、健康《けんこう》は教育《きょういく》の基礎《きそ》と言《い》われとります 塾生《じゅくせい》の食事《しょくじ》の世話《せわ》は任《まか》せてください
律次郎《りつじろう》は、洋学校《ようがっこう》の教師《きょうし》ジェーンズから珍《めずら》しい外国《がいこく》の野菜《やさい》を仕入《しい》れて栽培《さいばい》した
見《み》たことない野菜《やさい》ばかりですね
トマトやアスパラガスという野菜《やさい》だそうだよ
その農具《のうぐ》も外国《がいこく》から買《か》い入《い》れたものだよ

火室《ひむろ》…お茶《ちゃ》の生葉《なまば》を煎《い》るための大《おお》きな釜《かま》などを備《そな》えた室《むろ》。

書店
教育《きょういく》の用具《ようぐ》や農業《のうぎょう》に役立《やくだ》つものを買《か》い求《もと》めよう
出版《しゅっぱん》されたばかりの初等教育用掛図《しょとうきょういくようかけず》、地図《ちず》、翻訳書《ほんやくしょ》など、洋式農具《ようしきのうぐ》、珍《めずら》しい種子《しゅし》、農書類《のうしょるい》など
帰《かえ》りに神戸《こうべ》に寄《よ》って乳牛《にゅうぎゅう》や種牛《たねうし》を買《か》うぞ
『日新堂《にっしんどう》』の最《もっと》も盛《さか》んな時代《じだい》であった
多《おお》いときは普通科《ふつうか》300名《めい》、幼稚舎《ようちしゃ》70数名《すうめい》が入塾《にゅうじゅく》した女学生《じょがくせい》も15、6名《めい》いた

コラム

神風連《しんぷうれん》の変《へん》〜「恐《おそ》ろしき一夜《いちや》」

明治《めいじ》9年《ねん》（1876）、太田黒伴雄《おおたぐろともお》ら170人《にん》ほどの旧《きゅう》熊本藩士《くまもとはんし》が集《あつ》まり、新政府《しんせいふ》に対《たい》して反乱《はんらん》を起《お》こしました。彼《かれ》らは敬神党《けいしんとう》（神風連《しんぷうれん》）を結成《けっせい》し、10月《がつ》24日《か》の深夜《しんや》、熊本《くまもと》鎮台《ちんだい》や熊本県令宅《くまもとけんれいたく》を襲撃《しゅうげき》し多《おお》くの死傷者《ししょうしゃ》をだしました。翌朝《よくあさ》、政府軍《せいふぐん》の反撃《はんげき》を受《う》け反乱《はんらん》は一日《いちにち》で鎮圧《ちんあつ》されました。

この変《へん》は、明治《めいじ》4年《ねん》（1871）の「廃藩置県《はいはんちけん》」により、家禄《かろく》などの給与《きゅうよ》が与《あた》えられなくなったことや、刀《かたな》を持《も》つことを禁止《きんし》された旧《きゅう》士族《しぞく》の不平不満《ふへいふまん》が爆発《ばくはつ》したものです。当《とう》時《じ》9歳《さい》だった徳冨健次郎《とくとみけんじろう》（蘆花《ろか》）は、母久子《ははひさこ》と一緒《いっしょ》に大江《おおえ》の自宅《じたく》（現在《げんざい》の徳富記念園《とくとみきねんえん》）2階《かい》から、この様子《ようす》を見《み》ていました。あちこちから火《ひ》の手《て》があがり、悲鳴《ひめい》が聞《き》こえ緊迫《きんぱく》した城下《じょうか》の様子《ようす》に震《ふる》えていました。

19年後《ねんご》、蘆花《ろか》はこの夜《よ》の体験《たいけん》を短編小説《たんぺんしょうせつ》『恐《おそ》ろしき一夜《いちや》』として発表《はっぴょう》しました。

太田黒伴雄《おおたぐろともお》

コラム

西南戦争《せいなんせんそう》と矢嶋家《やじまけ》の人々《ひとびと》

明治《めいじ》10年《ねん》（1877）2月《がつ》、西郷隆盛《さいごうたかもり》の下《もと》に薩摩藩《さつまはん》の旧士族《きゅうしぞく》が結集《けっしゅう》し、新政府《しんせいふ》に対《たい》して戦《たたか》いを起《お》こしました。

熊本城《くまもとじょう》や田原坂《たばるざか》では激《はげ》しい戦《いくさ》がありました。軍備《ぐんび》と人数《にんずう》で勝《まさ》る新政府軍《しんせいふぐん》が徐々《じょじょ》に優勢《ゆうせい》になり、半年《はんとし》に及《およ》ぶ戦《たたか》いは薩《さつ》軍《ぐん》の最後《さいご》の砦《とりで》となった城山《しろやま》（鹿児島《かごしま》）の陥落《かんらく》で終《お》わりました。

熊本《くまもと》は、ほぼ全域《ぜんいき》が戦場《せんじょう》となり大《おお》きな被害《ひがい》に遭《あ》い、熊本《くまもと》城《じょう》も焼《や》け落《お》ちました。戦乱《せんらん》の中《なか》で竹崎茶堂《たけざきさどう》と順子《じゅんこ》は高野辺《こうやべ》田《た》（熊本市《くまもとし》）から玉名《たまな》の伊倉《いくら》へ避難《ひなん》しました。

徳富久子《とくとみひさこ》、建次郎《けんじろう》、三村《みむら》こほ子《こ》、横井《よこい》つせ子《こ》らは沼山津《ぬやまづ》から杉堂《すぎどう》へと逃《のが》れました。杉《すき》堂《どう》に住《す》んでいた矢嶋源助《やじまげんすけ》は官《かん》軍《ぐん》に内通《ないつう》したと疑《うたが》われ、薩軍《さつぐん》に捕《とら》えられましたが、知《し》り合《あ》いが薩軍《さつぐん》にいたため釈放《しゃくほう》されました。「国内《こくない》で戦《いくさ》をしている時《とき》ではない」と、源助《げんすけ》は中《ちゅう》立《りつ》の立場《たちば》をとりました。

当時《とうじ》10歳《さい》だった蘆花《ろか》は、この時《とき》の出来事《できごと》を後《のち》に『灰塵《かいじん》』という小説《しょうせつ》に書《か》いています。

西郷隆盛像《さいごうたかもりぞう》（東京《とうきょう》・上野《うえの》）

順子《じゅんこ》の手厚《てあつ》い看病《かんびょう》も虚《むな》しく、茶堂《さどう》は明治《めいじ》10年《ねん》（1877）5月《がつ》26日《にち》に亡《な》くなった
肺《はい》の病《やまい》であった

高野辺田《こうやべた》の竹崎家《たけざきけ》

ばあちゃん一緒《いっしょ》に遊《あそ》ぼうよ
かわいい孫《まご》たちに囲《かこ》まれて幸《しあわ》せばい

~熊本《くまもと》の女子《じょし》教育《きょういく》の灯《ともしび》を守《まも》って~
明治《めいじ》22年（1889）熊本英学校《くまもとえいがっこう》付属女学校《ふぞくじょがっこう》が開校《かいこう》された
校長《こうちょう》は海老名弾正《えびなだんじょう》で
生徒《せいと》は30名《めい》であった
65歳《さい》になって舎監《しゃかん》として新《あら》たな人生《じんせい》を歩《あゆ》めるなんてとてもありがたいことです
若者《わかもの》が勉学《べんがく》に励《はげ》んでいる姿《すがた》を見《み》るのは嬉《うれ》しいものです
女《おんな》も男《おとこ》と同《おな》じように学問《がくもん》ができる社会《しゃかい》をつくらなければなりませんね
海老名弾正《えびなだんじょう》
はい、熊本《くまもと》の若者《わかもの》たちがのびのびと学《まな》べる学校《がっこう》にしましょう
職員室
京都《きょうと》の新島先生《にいじませんせい》から「美徳《びとく》を以《もっ》て飾《かざり》となす」という額《がく》が送《おく》られてきました
「外面《がいめん》より内面《ないめん》を磨《みが》くことが大事《だいじ》である」という意味《いみ》です

向学心《こうがくしん》に燃《も》えた少女《しょうじょ》たちが鹿児島《かごしま》の南端《なんたん》から、日向《ひゅうが》の山奥《やまおく》から、福岡《ふくおか》の都会地《とかいち》から、柳川《やながわ》三池《みいけ》などから集《あつ》まってきた
ほとんどの女学生《じょがくせい》は寮《りょう》に入《はい》った
親元《おやもと》を離《はな》れて学問《がくもん》をしに来《く》る娘《むすめ》さんたちが立派《りっぱ》な家庭人《かていじん》となり賢《かしこ》い母《はは》となるように躾《しつけ》をいたします
私《わたし》は無学《むがく》の不束者《ふつつかもの》ですけん学問《がくもん》はよか先生方《せんせいがた》にお頼《たの》みします
何十人《なんじゅうにん》という大切《たいせつ》な娘《むすめ》さんばお預《あず》かりする訳《わけ》ですけんみんな同《おな》じように可愛《かわい》がらなければなりません
個性《こせい》を大事《だいじ》にして矯《た》めたりゆがめたりせずに自然《しぜん》のままに教育《きょういく》せなんと思《おも》うとります一人《ひとり》の落伍者《らくごしゃ》も出《で》んように導《みちび》きましょう

寮内
元気《げんき》のなかごたるばってん、大丈夫《だいじょうぶ》ね
はい、ちょっと風邪気味《かぜぎみ》で…
そんなら温《あたた》かいスープば作《つく》ってあげようね
放課後、明日の献立を決《き》めま～す！当番《とうばん》は集《あつ》まってくださいね～！
反省会《はんせいかい》を夕食後《ゆうしょくご》にします忘《わす》れないようにね～！
順子《じゅんこ》の「愛《あい》と誠《まこと》」の教育《きょういく》で生徒《せいと》たちはのびのびと成長《せいちょう》した
寮《りょう》の生活《せいかつ》は全《すべ》て生徒《せいと》の自治《じち》で行《おこな》われた
女学生《じょがくせい》は何《なん》ば勉強《べんきょう》しなはっとだろか
かっこいいね
女学校《じょがっこう》では男子校《だんしこう》の英学校《えいがっこう》とほぼ同《おな》じ教科《きょうか》を学《まな》んだ
幾何学《きかがく》、英語《えいご》、裁縫《さいほう》や礼儀《れいぎ》作法《さほう》等《など》も学《まな》んだ

明治《めいじ》25年《ねん》（1892）1月《がつ》に
同志社出身《どうししゃしゅっしん》の蔵原惟郭《くらはらこれひろ》が
スコットランド留学《りゅうがく》から帰《かえ》り
第《だい》2代校長《だいこうちょう》に就任《しゅうにん》した
蔵原惟郭《くらはらこれひろ》
ワアッ
パチ
パチ
みなさん これからよろしく
パチ
パチ
6月《がつ》、女学校《じょがっこう》から
第《だい》1回卒業生《かいそつぎょうせい》の
5名《めい》が巣立《すだ》った
おめでとう
先生《せんせい》のおかげです ありがとうございます
第《だい》5回《かい》の卒業生《そつぎょうせい》は4名《めい》だったが
男子《だんし》の九州私学校《きゅうしゅうしがっこう》（元英学校《もとえいがっこう》）が
財政難《ざいせいなん》で廃校《はいこう》となった
女学校《じょがっこう》の最後《さいご》の卒業式《そつぎょうしき》になるのでしょうか
女学校《じょがっこう》はどうなりますか
心配《しんぱい》せんちゃ どうにかなりましょう

蔵原校長の後を引き受けた福田抱一校長《ふくだほういちこうちょう》の努力《どりょく》で独立《どくりつ》した女学校《じょがっこう》として県《けん》に認《みと》められた
これからは竹崎先生《たけざきせんせい》に校長《こうちょう》として女子教育《じょしきょういく》をお願《ねが》い致《いた》します
福田抱一《ふくだほういち》
73歳《さい》ですが校長《こうちょう》を引《ひ》き受《う》けますばい
明治30年（1897）3月29日《にち》第《だい》6回《かい》卒業式《そつぎょうしき》では5名《めい》の卒業生《そつぎょうせい》を送《おく》り出《だ》した
おめでとう
おはよう
おはよう
寒いわねえ
おはよう
先生《せんせい》、私《わたし》たちがいたします
あなたたちは勉強《べんきょう》が第一《だいいち》ですよ早《はや》く行《い》って朝《あさ》のお勉強《べんきょう》をしなさい

どうしてゴミ拾《ひろ》いをされるのですか
紙《かみ》は捨《す》てれば紙屑《かみくず》ですこうして拾《ひろ》えば屑《くず》ではありませんよ
これからは紙《かみ》を捨《す》てないようにしましょう
校長先生《こうちょうせんせい》にゴミ拾《ひろ》いをさせては申《もう》し訳《わけ》ないね
しだいに校庭《こうてい》に紙屑《かみくず》が落《お》ちていることはなくなった
春《はる》の1日《いちにち》順子《じゅんこ》は生徒《せいと》と野《の》に遊《あそ》んだ
まあ、きれいね
こっちもー
キャッ
見てーすごくキレイ
キャッ
抱《かか》えきれないくらい摘《つ》んじゃったわね
どれを捨《す》てて帰《かえ》りましょうか

『手折《たお》りつる
花《はな》はもろ手《て》にあまれども
いずれを野辺《のべ》にすててかへらむ』
ハッ
せっかく摘《つ》んだ花《はな》を捨《す》てようなんて…いけないことですね
スミマセン…
どれも大切《たいせつ》な花《はな》という意味《いみ》なんですね
フフ…
『1人《ひとり》も落《お》ちこぼれを出《だ》さない』というのが、舎監《しゃかん》になった時《とき》からの願《ねが》いであった
人《ひと》であれ花《はな》であれ、たとえ紙屑《かみくず》1枚《まい》にせよ順子《じゅんこ》は大切《たいせつ》に扱《あつか》った
みんな今日《きょう》もいきいきと勉強《べんきょう》してるわ
学校《がっこう》を守《まも》り続《つづ》けなければ……

先生《せんせい》たちのお給料《きゅうりょう》が足《た》りないんです
困《こま》りましたねえ 先月分《せんげつぶん》もまだ返《かえ》してもらっていないんですが…
そこをなんとか…お願《ねが》いします
頭を上げて下さいよ
先生《せんせい》のお頼《たの》みなら仕方《しかた》ありませんねお貸《か》ししましょう
女学校《じょがっこう》は私学《しがく》だったため資金《しきん》が足《た》りず、順子校長《じゅんここうちょう》は金策《きんさく》に走《はし》り回《まわ》った
自分《じぶん》を反省《はんせい》するために毎日日記《まいにちにっき》を書《か》きましょう
借《か》りたお金《かね》を返《かえ》す日《ひ》だったけどお願《ねが》いして待《ま》ってもらえた

そうだわ、寄付《きふ》をお願《ねが》いする手紙《てがみ》も書《か》かないと
校長《こうちょう》の3円《えん》の給料《きゅうりょう》は先生方《せんせいがた》の生活《せいかつ》を助《たす》けるために使《つか》われた
理解《りかい》ある方々《かたがた》から寄付《きふ》をいただき図書室《としょしつ》を設《もう》けたり西校舎《にしこうしゃ》を建《た》てることができました
こうしてあなたがたの学習環境《がくしゅうかんきょう》が少《すこ》しずつ充実《じゅうじつ》できてありがたいことですね
先生《せんせい》と一緒《いっしょ》に学校《がっこう》を守《まも》りましょう
はい私《わたし》たちもがんばります

明治《めいじ》34年《ねん》（1901）には日本《にほん》キリスト教婦人矯風会会頭《きょうふじんきょうふうかいかいとう》で東京《とうきょう》の女子学院院長《じょしがくいんいんちょう》の妹楫子《いもうとかじこ》が順子《じゅんこ》の女学校《じょがっこう》を訪《おとず》れた
久《ひさ》しぶりに会《あ》えて嬉《うれ》しかね 元気《げんき》そうでよかったよかった！
姉《ねえ》さんも苦労《くろう》されて……
娘《むすめ》の節子《せつこ》と4人《にん》の孫《まご》が亡《な》くなって寂《さび》しい時《とき》に来《き》てくれて…… ありがとねぇ
熊本《くまもと》の女子教育《じょしきょういく》のためには姉《ねえ》さんの力《ちから》が必要《ひつよう》なのよ
楫子《かじこ》は女学校《じょがっこう》で講演《こうえん》をし姉《あね》を励《はげ》まし、九州巡回《きゅうしゅうじゅんかい》の旅《たび》へ出《で》て行《い》った
翌年《よくねん》は生徒数《せいとすう》124名《めい》となり
ねぇ知《し》ってる？ 熊本城《くまもとじょう》の東側《ひがしがわ》の田《た》んぼの真《ま》ん中《なか》に不思議《ふしぎ》な女学校《じょがっこう》があるんだって
校長《こうちょう》は白髪《しらが》のおばあさんで家庭《かてい》のような学校《がっこう》なんでしょ
生徒《せいと》はいつの間《ま》にかその優《やさ》しい校長先生《こうちょうせんせい》に

卒業生《そつぎょうせい》の松本《まつもと》とよ子《こ》の夫《おっと》（英学校《えいがっこう》の卒業生《そつぎょうせい》）が英学校《えいがっこう》・女学校《じょがっこう》の借金《しゃっきん》全額《ぜんがく》を返済《へんさい》してくれた
結婚《けっこん》の時《とき》、先生《せんせい》から実業家《じつぎょうか》の妻《つま》はいつでも夫《おっと》と共《とも》に苦労《くろう》する覚悟《かくご》が必要《ひつよう》だと教《おし》えられました
妻《つま》は先生《せんせい》の教《おし》えに従《したが》い家《いえ》を守《まも》り仕事《しごと》を支《ささ》えてくれました恩返《おんがえ》しをさせてください
ありがとう！ご夫婦《ふうふ》ともにこんなに立派《りっぱ》になられてうれしいことですね
先生の80歳《さい》を祝《いわ》って校母記念館《こうぼきねんかん》を建設《けんせつ》します
ご退職《たいしょく》までには何《なん》とか間《ま》に合《あ》わせます
応接室兼《おうせつしつけん》舎監室《しゃかんしつ》の8畳間《じょうま》に寝起《ねお》きされて不便《ふべん》だったでしょう
グス…
申《もう》し訳《わけ》なかばってん後《あと》で活用《かつよう》できるなら建《た》ててもらいましょう

多《おお》くの人々《ひとびと》の寄付《きふ》によって校母記念館《こうぼきねんかん》は完成《かんせい》した
明治《めいじ》37年《ねん》（1904）3月《がつ》26日《にち》第《だい》13回《かい》卒業式《そつぎょうしき》が行《おこな》われ、順子《じゅんこ》校長《こうちょう》最後《さいご》の式《しき》となった
卒業式《そつぎょうしき》の翌日《よくじつ》に80歳《さい》の祝賀会《しゅくがかい》と落成式《らくせいしき》が行《おこな》われた
どのような境遇《きょうぐう》にあっても、どのような困難《こんなん》に出会《であ》っても
人《ひと》を咎《とが》めず全《すべ》て自分《じぶん》を省《かえり》みて人《ひと》のため、家《いえ》のため、親《おや》のため何《なに》ができるか考《かんが》えて…
何事《なにごと》にも犠牲《ぎせい》の精神《せいしん》を尽《つ》くしてこそ、人生《じんせい》は尊《とうと》いのです

18年間を女学校のために捧《ささ》げつくした順子《じゅんこ》は校母記念館《こうぼきねんかん》を後《あと》にし高野辺田《こうやべた》に帰《かえ》った
10月《がつ》25日《にち》は順子《じゅんこ》の81歳《さい》の誕生日《たんじょうび》であった
失礼《しつれい》します
お久しぶりです 京都《きょうと》からお見舞《みま》いに来《き》ました
福田令寿《ふくだれいじゅ》
ああ、福田《ふくだ》さんに女学校《じょがっこう》の校長《こうちょう》をお願《ねが》いしたいと思《おも》うとりました
京都《きょうと》で開業医《かいぎょうい》をしていますが先生《せんせい》のお願《ねが》いとなればお引《ひ》き受《う》けいたします
ありがとうねぇ これで何《なに》もかも安心《あんしん》しました
先生《せんせい》
在校生《ざいこうせい》を連《つ》れてまいりました

みんな優《やさ》しい顔《かお》ばしとるねぇ
しっかり勉強《べんきょう》して先生《せんせい》に何《なん》でもお尋《たず》ねして…
う…
力《ちから》を合《あ》わせて勉強《べんきょう》します
先生《せんせい》の教《おし》えを忘《わす》れません
女学校《じょがっこう》は寄宿舎《きしゅくしゃ》が命《いのち》です どうかよろしくお願《ねが》いしますね
でもあなたもまだ若《わか》い、自分《じぶん》の幸《しあわ》せも大事《だいじ》にしてね
スッ
伯母《おば》さんどうですか
ああ健次郎《けんじろう》さんかい待《ま》っとったばい
私《わたし》のことはああたが書《か》いてはいよ
わかりました大好《だいす》きな伯母《おば》さんの伝記《でんき》を必《かなら》ず書《か》きます
徳冨健次郎《とくとみけんじろう》
（蘆花《ろか》）

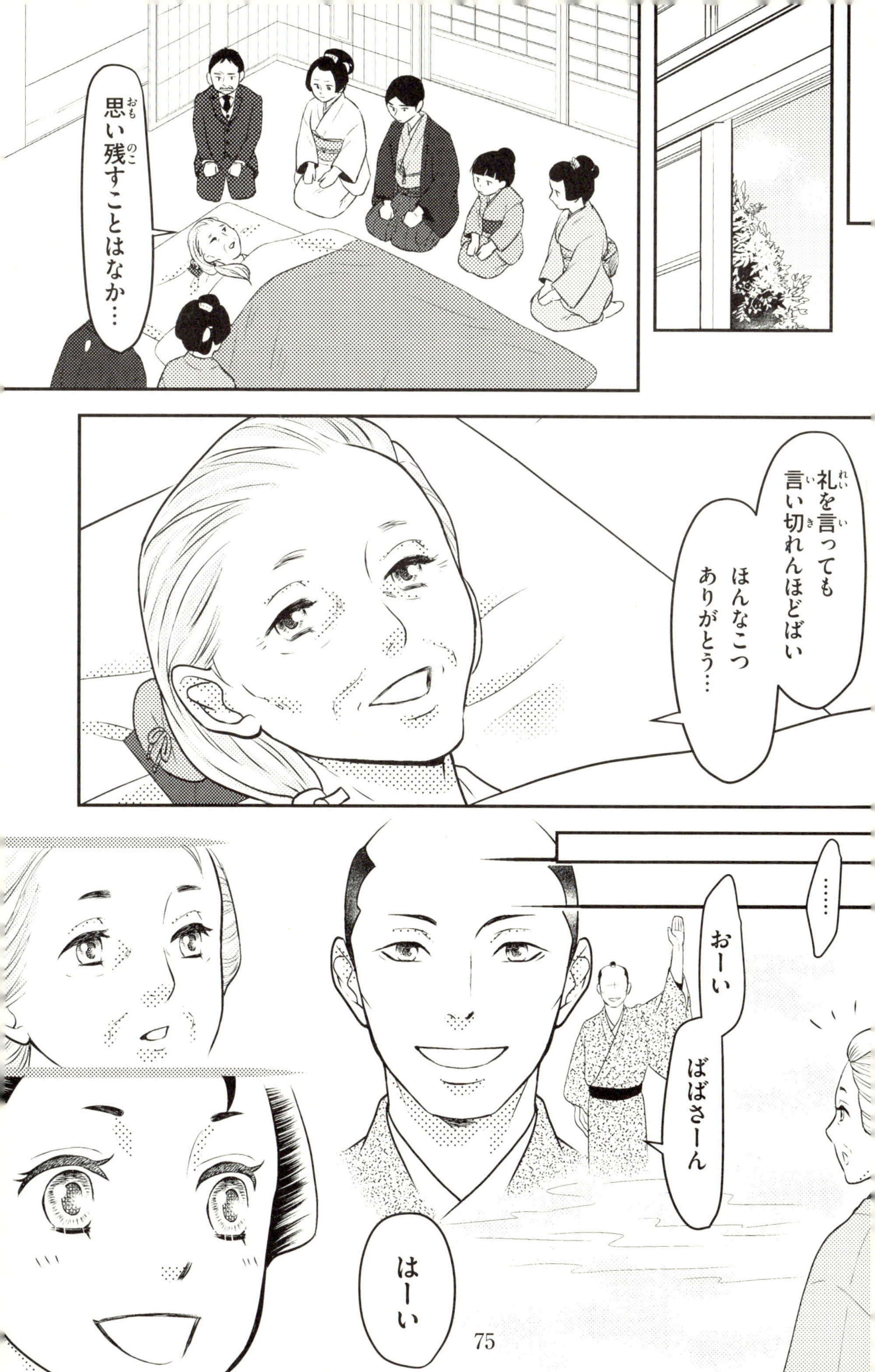
思《おも》い残《のこ》すことはなか…
礼《れい》を言《い》っても言《い》い切《き》れんほどばい
ほんなこつありがとう…
……
おーい
ばばさーん
はーい

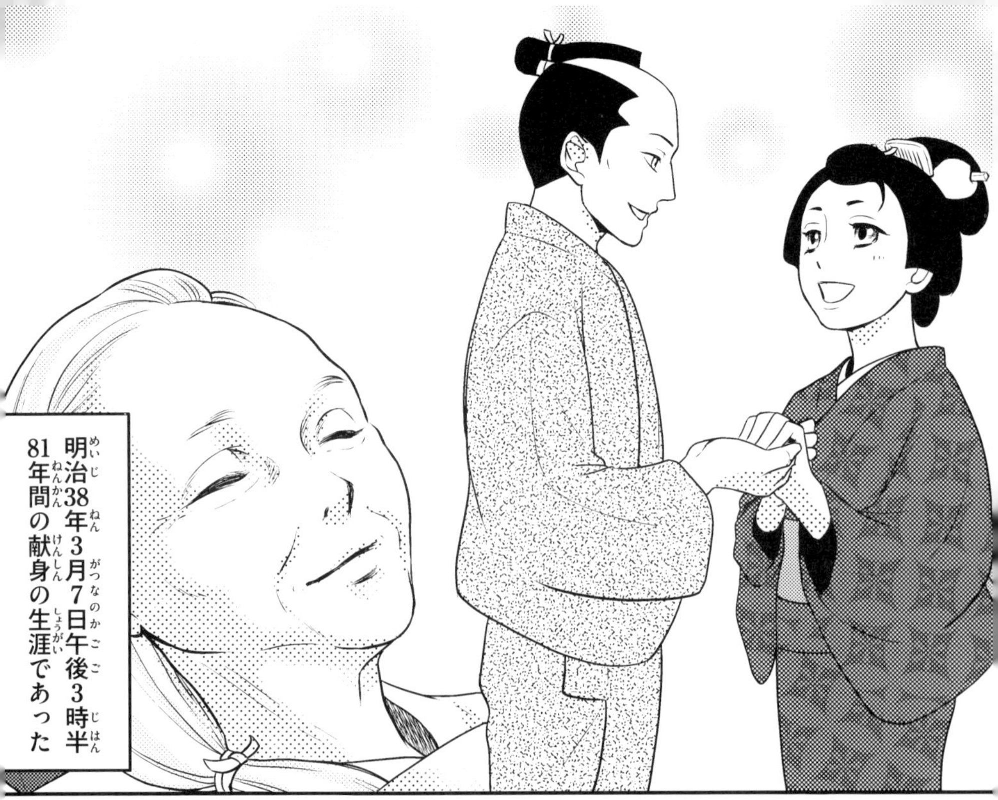
明治《めいじ》38年《ねん》3月《がつ》7日《なのか》午後《ごご》3時半《じはん》
81年間《ねんかん》の献身《けんしん》の生涯《しょうがい》であった

コラム

熊本《くまもと》最初《さいしょ》の女学校《じょがっこう》
順子《じゅんこ》が守《まも》り抜《ぬ》いた熊本女学校《くまもとじょがっこう》の歴史《れきし》

明治《めいじ》20年《ねん》（1887）5月《がつ》に、民家《みんか》の2階《かい》で熊本女学会《くまもとじょがっかい》が開《ひら》かれました。先生《せんせい》2人《ふたり》、女生徒《じょせいと》3名《めい》でした。

明治《めいじ》22年《ねん》（1889）に熊《くま》本英学校付属女学校《もとえいがっこうふぞくじょがっこう》となり、同年《どうねん》、県《けん》に認《みと》められ私立熊本《しりつくまもと》女学校《じょがっこう》となりました。

明治《めいじ》35年《ねん》（1902）には生徒数《せいとすう》124名《めい》。

順子《じゅんこ》は「愛《あい》　つつしみ　忍《にん》耐《たい》」を心《こころ》にきざみ、1人《ひとり》ひとりを大切《たいせつ》にした教育《きょういく》を行《おこな》いました。

順子《じゅんこ》亡《な》き後《あと》は福田令寿《ふくだれいじゅ》校《こう》長《ちょう》、順子《じゅんこ》の孫《まご》、竹崎八十雄《たけざきやそお》校長《ちょう》によってこの精神《せいしん》は引《ひ》き継《つ》がれました。

昭和《しょうわ》20年《ねん》（1945）7月《がつ》1日《ついたち》の熊本大空襲《くまもとだいくうしゅう》で校舎《こうしゃ》は全《ぜん》焼《しょう》。大江《おおえ》から川尻町南高江《かわしりまちみなたかえ》に移《うつ》りました。

校名《こうめい》は大江高等女学校《おおえこうとうじょがっこう》から大江高等学校《おおえこうとうがっこう》となり、平成《へいせい》17年《ねん》（2005）熊本《くまもと》フェイス学院高等学校《がくいんこうとうがっこう》となりました。

平成《へいせい》21年《ねん》（2009）に開《かい》新高等学校《しんこうとうがっこう》と合併《がっぺい》しました。

昭和《しょうわ》41年《ねん》（1966）に建《こん》立《りゅう》された順子《じゅんこ》の胸像《きょうぞう》は開新学《かいしんがく》園《えん》の校庭《こうてい》に移《うつ》され、今《いま》も生徒《せいと》たちを見守《みまも》っています。

第《だい》3章《しょう》　徳富久子《とくとみひさこ》〜2人《ふたり》の天才《てんさい》の母《はは》として

〜徳富家《とくとみけ》の嫁《よめ》〜

徳富家《とくとみけ》では姑《しゅうとめ》の直子《なおこ》が
嫁《よめ》を躾《しつ》けようと
目《め》を光《ひか》らせていた
カラ
カラ
カタ
カタ
ほほう…
上手《じょうず》にできてるな
姑《しゅうとめ》・直子《なおこ》
明日《あす》までにこの長着《ながぎ》を仕立《した》てあげておくれ
はい
今夜中《こんやじゅう》になんて！
寝《ね》る時間《じかん》ないじゃない！
チチ…
翌朝《よくあさ》
お義母《かあ》さまできあがりました
きれいに縫《ぬ》えてるたいした嫁《よめ》だ
ヨタヨタ
バシャ
バシャ

水はこぼさんように運《はこ》ぶものだよ
すみません これから注意《ちゅうい》します
一敬《かずたか》さんは忙《いそが》しくて めったに家《いえ》にいないし さびしいなぁ…
ハァ…
久子《ひさこ》はやせ細《ほそ》り目《め》まで悪《わる》くし、実家《じっか》に帰《かえ》ることが多《おお》くなった
結婚《けっこん》したら二度《にど》と実家《じっか》へは帰《かえ》らない覚悟《かくご》が大事《だいじ》ですよ
嫁《よめ》は黙《だま》って働《はたら》くしかないのですか
ギュッ
夫《おっと》に従《したが》い、夫《おっと》の両親《りょうしん》を大切《たいせつ》にすることが賢《かしこ》い女《おんな》の生《い》き方《かた》ですよ

早《はや》く体《からだ》を治《なお》して徳富家《とくとみけ》の跡取《あとと》りを産《う》まなくてはね
徳富家《とくとみけ》へ帰《かえ》った久子《ひさこ》は4人《にん》の娘《むすめ》に恵《めぐ》まれ5人目《にんめ》が腹《はら》の中《なか》にいた
キャッ
キャッ
ハァ・・・
針《はり》の目《め》が見《み》えないだんだん視力《しりょく》が
お久《ひさ》はどうやら女腹《おんなばら》らしいなぁ
ホントに・・・
一敬《かずたか》は40を過《す》ぎたし男《おとこ》の子《こ》が生《う》まれなくては困《こま》りますね
後継《あとつ》ぎの男児《だんじ》を産《う》めない嫁《よめ》は離縁《りえん》されても仕方《しかた》ない世《よ》の中《なか》だった
キャッ
キャッ

～男児《だんじ》誕生《たんじょう》～
蘭方医《らんぽうい》に眼《め》を診《み》てもらうために久子《ひさこ》は長崎《ながさき》へやって来《き》た
診察《しんさつ》の後《あと》里帰《さとがえ》りします 赤子《あかご》は里《さと》で産《う》むつもりです
わかりました お気《き》をつけて
歩《ある》いたり籠《かご》に乗《の》ったりして遠《とお》く杉堂《すぎどう》の実家《じっか》を目指《めざ》した
やっと着《つ》いたわ
ホッ
突然《とつぜん》に里帰《さとがえ》りして申《もう》し訳《わけ》ありません

無事《ぶじ》に帰《かえ》りついて よかった よかった
さあさあ、家《いえ》に入《はい》って ゆっくり休《やす》んで
ここはお前《まえ》の実家《じっか》だ 安心《あんしん》して子《こ》を産《う》みなさい
ポロ
ポロ…
わああっ…
生《う》まれてくる子《こ》が また女《おんな》であれば 離縁《りえん》されると 覚悟《かくご》しています
ポン
大丈夫《だいじょうぶ》
この兄《あに》が お前《まえ》たちのことは 最後《さいご》まで 面倒《めんどう》みるからな
女同士《おんなどうし》 力《ちから》を合《あ》わせて 育《そだ》てましょ！

旧暦《きゅうれき》1月《がつ》25日《にち》に無事《ぶじ》男児《だんじ》が生《う》まれた
命名 太平
命名 太平
家出《いえで》同然《どうぜん》の身《み》です徳富《とくとみ》に帰《かえ》ることはできません
一敬君《かずたかくん》がそのうち様子《ようす》を見《み》に来《く》るだろう
数カ月後、徳富家から使者《ししゃ》が離縁状《りえんじょう》を持《も》ってやってきた
遠路《えんろ》よくおいでなされました
元気《げんき》な男《おとこ》の子《こ》ですぞ太平《たへい》と仮《かり》の名《な》をつけさせていただいた
ええっ！
そ、それはめでたいことでございます！
グシャッ
これから急《いそ》いで水俣《みなまた》へ帰《かえ》り徳富家《とくとみけ》へ伝《つた》えます
一敬君《かずたかくん》におめでとうと伝《つた》えてください

後継《あとつ》ぎ誕生《たんじょう》の知《し》らせに喜《よろこ》んだ徳富家《とくとみけ》から久子《ひさこ》に早《はや》く帰《かえ》って来《こ》いと何通《なんつう》も手紙《てがみ》が届《とど》いた
水俣《みなまた》へ帰《かえ》ろうかどうしようか…
長男《ちょうなん》を産《う》んだのだから胸《むね》を張《は》って帰《かえ》りなさい
小楠先生《しょうなんせんせい》の教《おし》えに従《したが》って平等《びょうどう》な世《よ》の中《なか》をつくらねばならない
女《おんな》にとってそんな世《よ》の中《なか》になるとは思《おも》えません

女だって力《ちから》を発揮《はっき》できる世《よ》の中《なか》をつくるのだよ
どのようにして？
多《おお》くの者《もの》が学問《がくもん》を身《み》につけ賢《かしこ》くなることだよ
女自身が学問の大切《たいせつ》さに目覚《めざ》め自分《じぶん》を高《たか》めるべきなのですね
自信《じしん》をもって生《い》きなさい子供《こども》たちを立派《りっぱ》に育《そだ》て導《みちび》くのだよ
はい、なんだか力《ちから》が湧《わ》いてきました

～久子《ひさこ》の子育《こそだ》て～
男児《だんじ》を抱《だ》いて戻《もど》った久子《ひさこ》は
徳富家《とくとみけ》の嫁《よめ》として認《みと》められた
おめでとうございます
おかえり
徳富一敬《とくとみかずたか》
猪一郎
命名
おおう
立派《りっぱ》な赤子《あかご》じゃ！
猪一郎《いいちろう》と名付《なづ》けたぞ
舅《しゅうと》・美信《よしのぶ》
徳富家《とくとみけ》の嫡男《ちゃくなん》として
しっかり育《そだ》っておくれ
でかしたぞ
これで安心《あんしん》だ

久子は猪一郎が言《い》いつけを聞《き》かないと柱《はしら》に縛《しば》りつけた
まあー!
カラ カラ
でねー!!
大人しくしますから解《と》いてください
本心《ほんしん》からの反省《はんせい》でないと解《と》いてやれないねぇ
つーーん
久子《ひさこ》は子供《こども》たちを厳《きび》しくしつけ私塾《しじゅく》で学《まな》ばせた
猪一郎は13歳で熊本洋学校《くまもとようがっこう》へ再入学《さいにゅうがく》したが明治《めいじ》9年《ねん》（1876）に閉校《へいこう》となると東京《とうきょう》へ遊学《ゆうがく》した
同時期《どうじき》に姉《あね》の初子《はつこ》も慶応義塾《けいおうぎじゅく》の予科《よか》で英語《えいご》を学《まな》んだ
初子《はつこ》17歳《さい》
猪一郎《いいちろう》13歳《さい》

東京《とうきょう》・猿楽町《さるがくちょう》
叔母《おば》藤島《ふじしま》もと子宅《こたく》
東京《とうきょう》の学校《がっこう》は物足《ものた》りないなぁ
洋学校《ようがっこう》の仲間《なかま》は京都《きょうと》の同志社英学校《どうししゃえいがっこう》へ行《い》ったらしいよ
京都《きょうと》に行《い》くなら私《わたし》も同志社女子部《どうししゃじょしぶ》に入学《にゅうがく》するわ
よし！健次郎《けんじろう》も入学《にゅうがく》させよう！
健次郎《けんじろう》はまだ10歳《さい》よ
でも兄弟《きょうだい》3人《にん》で一緒《いっしょ》に勉強《べんきょう》できるのは嬉《うれ》しいわね
実家《じっか》からの10円《えん》の仕送《しおく》りで個性的《こせいてき》な弟《おとうと》たちの面倒《めんどう》を見《み》ることは10代《だい》の初子《はつこ》には大変《たいへん》だった
早《はや》くご飯《はん》食《た》べちゃいなさい！遅刻《ちこく》するわよ!!
はーい！
ガツ
ガツ
健次郎《けんじろう》

一敬は明治3年（1870）に藩《はん》の官吏《かんり》となり一家《いっか》は熊本大江《くまもとおおえ》に転居《てんきょ》したが明治《めいじ》6年《ねん》に退官《たいかん》し一家《いっか》の暮《く》らしは苦《くる》しかった
今年《ことし》は野菜《やさい》がよくできて高《たか》く売《う》れたね これで京都《きょうと》に仕送《しおく》りができるよ
蚕を飼って もっと母《かあ》さんを助《たす》けるわ
長女《ちょうじょ》・常子《つねこ》
私《わたし》は絹織物《きぬおりもの》が上手《じょうず》なのよ
次女《じじょ》・光子《みつこ》
私は製糸工場に派遣《はけん》されたモダンガールよ
3女《じょ》・音羽子《おとわこ》
あなたたちが得意《とくい》なことで働《はたら》いてくれるから助《たす》かるわ
その後、常子《つねこ》は山川清房《やまかわきよふさ》と再婚《さいこん》、光子《みつこ》は夫《おっと》と共《とも》に大江《おおえ》で絹織物業《きぬおりものぎょう》を営《いとな》み、音羽子《おとわこ》は緑川製糸工場初《みどりかわせいしこうじょうはつ》の女工《じょこう》として働《はたら》き、家計《かけい》を支《ささ》えた

猪一郎《いいちろう》は西南戦争《せいなんせんそう》で荒《あ》れ果《は》てた故郷熊本《ふるさとくまもと》に帰《かえ》った
母《かあ》さんただ今帰《いまかえ》りました
よう帰《かえ》って来《き》たね元気《げんき》そうでなによりたい
母《かあ》さんにご苦労《くろう》ばかりかけて申《もう》し訳《わけ》ありません
猪一郎《いいちろう》・15歳《さい》
もう少《すこ》し学問《がくもん》をして徳富家《とくとみけ》を支《ささ》えられるようがんばります
学問《がくもん》に励《はげ》んでくれることが一番《いちばん》の親孝行《おやこうこう》ばい

明治13年（1880）猪一郎《いいちろう》と初子《はつこ》は熊本《くまもと》へ帰《かえ》り、その2年後《ねんご》19歳《さい》の猪一郎《いいちろう》は大江義塾《おおえぎじゅく》を開《ひら》いた
来客用《らいきゃくよう》に畳《たたみ》を2枚残《まいのこ》して広間《ひろま》は講義《こうぎ》のために使《つか》いますよ
ここでお客さんをもてなしていたけど塾《じゅく》に譲《ゆず》りましょう
わしもお前《まえ》に負《ま》けないように講義《こうぎ》するぞ！
サロンのようになっていた徳富家《とくとみけ》を丸《まる》ごと義塾《ぎじゅく》に変《か》えた
義塾《ぎじゅく》には各地《かくち》から若者《わかもの》が集《あつ》まり4年後《ねんご》には100名《めい》を超《こ》えた
将来《しょうらい》は東京《とうきょう》へ出《で》て新聞記者《しんぶんきしゃ》になろうと考《かんが》えています
そうかではまず嫁《よめ》を取《と》らせよう
一敬《かずたか》の元同僚《もとどうりょう》、倉園氏《くらぞのし》の娘《むすめ》静子《しずこ》を嫁《よめ》に迎《むか》えた

〜息子《むすこ》たちの活躍《かつやく》〜
23歳《さい》になった猪一郎《いいちろう》は政治《せいじ》や社会《しゃかい》のあり方《かた》についての評論《ひょうろん》『将来之日本《しょうらいのにっぽん》』を経済新聞社《けいざいしんぶんしゃ》より刊行《かんこう》し、各界《かっかい》から注目《ちゅうもく》された
德富猪一郎著
將來之日本
東京
經濟雜誌社發兌
東京《とうきょう》で働《はたら》きたいと考《かんが》えています
お前《まえ》が安心《あんしん》して仕事《しごと》できるように私《わたし》たちも上京《じょうきょう》しよう
夢《ゆめ》を実現《じつげん》するためならどんな辛抱《しんぼう》だってできますよ
ありがとうございます
久子《ひさこ》は上京《じょうきょう》する1カ月前《げつまえ》に女子教育《じょしきょういく》のための趣意書《しゅいしょ》を作《つく》った
同志《どうし》は下村《しもむら》ふさ（同志社社長《どうししゃしゃちょう》となる下村孝太郎《しもむらこうたろう》の母《はは》）、有馬《ありま》まつ（民権家《みんけんか》有馬源内《ありまげんない》の母《はは》）、不破《ふわ》つる（小楠《しょうなん》の兄嫁《あによめ》の実家《じっか》の不破唯次郎《ふわただじろう》の母《はは》）である

私《わたし》は東京《とうきょう》に引《ひ》っ越《こ》します
後《あと》はよろしくお願《ねが》いします
熊本《くまもと》のことは私《わたし》たちで頑張《がんば》りましょう
下村《しもむら》ふさ
有馬《ありま》まつ
まずは家の2階で「女学会《じょがっかい》」を始《はじ》めましょう
不破《ふわ》つる
甥《おい》の徳永規矩《とくながのりかね》・歌子夫婦《うたこふうふ》に教師《きょうし》を頼《たの》みましたよ
明治《めいじ》20年《ねん》（1887）5月《がつ》23日建町《にちたてまち》（現在《げんざい》の坪井《つぼい》あたり）の不破家《ふわけ》の2階《かい》において熊本《くまもと》で初《はじ》めての女子教育《じょしきょういく》が始《はじ》められた

熊本《くまもと》の女子教育《じょしきょういく》の種《たね》は多《おお》くの方々《かたがた》の働《はたら》きで芽《め》を出《だ》しそうです
久子《ひさこ》から頼《たの》まれた女学校《じょがっこう》です命《いのち》をかけて守《まも》りますよ！
順子《じゅんこ》
その前年《ぜんねん》、塾《じゅく》を閉《と》じた徳富家《とくとみけ》は上京《じょうきょう》し、勝海舟《かつかいしゅう》の借家《しゃくや》に暮《く》らすことになった
しっかりした考《かんが》えを持《も》った息子《むすこ》さんだねぇ
勝海舟《かつかいしゅう》
小楠先生《しょうなんせんせい》の教《おし》えに報《むく》いる働《はたら》きをしてほしいと願《ねが》っています
私《わたし》の論文《ろんぶん》を読《よ》んでいただきありがとうございます
猪一郎《いいちろう》さん君《きみ》の論文《ろんぶん》は素晴《すば》らしい

不如帰《ほととぎす》…明治《めいじ》31年《ねん》（1898）から翌年《よくとし》にかけて国民新聞《こくみんしんぶん》に掲載《けいさい》された小説《しょうせつ》。後《のち》に出版《しゅっぱん》されてベストセラーとなった。

～東京《とうきょう》での久子《ひさこ》～
猪一郎《いいちろう》の『国民之友《こくみんのとも》』『国民新聞《こくみんしんぶん》』が売《う》れ経済的《けいざいてき》に豊《ゆた》かになった
お2人《ふたり》で温泉旅行《おんせんりょこう》にでも行《い》ってください
夫婦《ふうふ》で旅行《りょこう》に行《い》けるなんて初《はじ》めてだね
結婚《けっこん》して40年《ねん》ゆっくり温泉《おんせん》に行《い》けるなんて夢《ゆめ》のようだわ
久子夫婦《ひさこふうふ》は明治《めいじ》29年《ねん》（1896）から逗子《ずし》の「老龍庵《ろうりゅうあん》」に住《す》み猪一郎夫婦《いいちろうふうふ》は青山《あおやま》に住《す》んだ
ザザ…
友《とも》の帰《かえ》りて後《のち》
逗子《ずし》の浦友《うらとも》はかへりぬ秋《あき》はきぬ
ひとり詠《よ》むる夕暮《ゆうぐ》れの空《そら》
八十《はちじゅう》のよはひをむかへて
水先《みずさき》を神《かみ》にゆだねて安《やす》らけく
八十島《やそしま》わたる船路《ふなじ》たのしも
ザザ…
両親《りょうしん》もよく短歌《たんか》を読《よ》んでおられたわ
私《わたし》も佐佐木信綱《ささきのぶつな》さんに指導《しどう》してもらってなかなかいい歌《うた》が作《つく》れるようになったわね

おばあさまー
あら
かわいい孫《まご》たちが遊《あそ》びに来《き》たよ
久子《ひさこ》80歳《さい》の祝《いわ》いに2人《ふたり》の息子《むすこ》が母《はは》の和歌《わか》を一冊《いっさつ》の歌集《かしゅう》にまとめた
母《かあ》さんの和歌《わか》はなかなかいいですね信綱氏《のぶつなし》に監修《かんしゅう》をお願《ねが》いして立派《りっぱ》な歌集《かしゅう》になりましたね
歌集《かしゅう》の題《だい》は「濱久木《はまひさぎ》」にしていただいたのよ
親《しん》せきや知人《ちじん》に配《くば》っていい記念《きねん》になったわ
大正《たいしょう》3年《ねん》の初夏《しょか》一敬《かずたか》が93歳《さい》で亡《な》くなった
母《かあ》さん1人《ひとり》では心配《しんぱい》です青山《あおやま》で暮《く》らしませんか
うれしいねぇ青山《あおやま》に住《す》めば、押《お》し花《ばな》や茶道《さどう》の教室《きょうしつ》に通《かよ》えるし梶子《かじこ》の矯風会《きょうふうかい》に協力《きょうりょく》できるようになるよ

久子《ひさこ》は妹《いもうと》のつせ子《こ》と
「老人会《ろうじんかい》」を催《もよお》し
講話《こうわ》やかくし芸《げい》などを
披露《ひろう》する楽《たの》しい会《かい》を作《つく》った
さらに募金活動《ぼきんかつどう》などで
楫子《かじこ》の矯風会《きょうふうかい》を支《ささ》えた
90歳《さい》を過《す》ぎた久子《ひさこ》は
視力《しりょく》は衰《おとろ》えたが
気丈《きじょう》に日々《ひび》を生《い》きた
姉《ねえ》さん
気分《きぶん》は
いかがですか
おお、楫子《かじこ》か
待《ま》ってたよ
世《よ》の中《なか》の話《はなし》を
聞《き》かせておくれ
長女《ちょうじょ》の山川常子《やまかわつねこ》が
上京《じょうきょう》し介護《かいご》した
妹《いもうと》の楫子《かじこ》も訪《おとず》れては
世間話《せけんばなし》をし、矯風会《きょうふうかい》の
情報《じょうほう》を伝《つた》えた

矯風会《きょうふうかい》…日本キリスト教婦人矯風会《きょうふじんきょうふうかい》。明治《めいじ》26年《ねん》（1893）矢嶋楫子《やじまかじこ》らが中心《ちゅうしん》となって設立《せつりつ》された。（第《だい》5章《しょう》を参照《さんしょう》）

お昼《ひる》ご飯《はん》も全部《ぜんぶ》食《た》べられました
おいしかったよ
よかったよかった
新聞《しんぶん》を読《よ》みますね
ガサ…
ありがとう
姉《ねえ》さん？
大正《たいしょう》8年《ねん》（1919）2月《がつ》91歳《さい》で久子《ひさこ》は天《てん》に召《め》された

コラム

母久子《ははひさこ》のことを長男《ちょうなん》の蘇峰《そほう》は次《つぎ》のように述《の》べています

母《はは》には勝《か》てないと思《おも》うことがいくつもあります。

その一《ひと》つは無欲《むよく》ということです。人《ひと》を集《あつ》めること、ごちそうすること、物《もの》を贈《おく》るということ、人《ひと》のために働《はたら》くことが母《はは》の命《いのち》でした。

第二《だいに》は、勇気《ゆうき》です。どんな時《とき》でも落胆《らくたん》するとか、悲観《ひかん》するとかはありません。母《はは》の勇気《ゆうき》の一部《いちぶ》でも私《わたし》に遺伝《いでん》してほしかった。

第三《だいさん》は、思《おも》い切《き》りのよさです。どんなに苦《くる》しい時《とき》でも愚痴《ぐち》をこぼしません。過去《かこ》を後悔《こうかい》した話《はなし》を聞《き》いたことがありません。母《はは》は社交的《しゃこうてき》というよりも社会的《しゃかいてき》でした。母《はは》はどんな時《とき》でも親戚会議《しんせきかいぎ》の議長《ぎちょう》でした。女子《じょし》の教育《きょういく》とか、女工《じょこう》（機織《はたおり》など）の創設《そうせつ》とか、婦人《ふじん》に関《かん》するあらゆる仕事《しごと》などに母《はは》が関与《かんよ》しないことはありませんでした。

決《けっ》して表面《ひょうめん》に立《た》つことはなく、いつも縁《えん》の下《した》の力持《ちからも》ちの役《やく》を果《は》たしました。

第《だい》４章《しょう》　横井《よこい》つせ子《こ》～献身《けんしん》と奉仕《ほうし》の生涯《しょうがい》

～嫁《よめ》として妻《つま》として～

150石取《こくど》りの士族《しぞく》と言《い》っても生活《せいかつ》は苦《くる》しかった
沼山津《ぬやまづ》横井家《よこいけ》
お隣《となり》からサツマイモをいただきました
女中《じょちゅう》・寿賀《じゅか》
米《こめ》と混《ま》ぜて炊《た》けば米《こめ》の節約《せつやく》になりますね
翌年《よくとし》の11月《がつ》、長男時雄誕生《ちょうなんときおたんじょう》
男児《だんじ》を産《う》んでくれてありがとう
先生《せんせい》の後継《あとつ》ぎとして立派《りっぱ》に育《そだ》てるのだよ
命《いのち》に代《か》えてもお育《そだ》てします
このころ、越前藩《えちぜんはん》(福井県《ふくいけん》)藩主《はんしゅ》松平春嶽《まつだいらしゅんがく》から財政難《ざいせいなん》を救《すく》ってほしいとの誘《さそ》いが小楠《しょうなん》に来ていた
やっと肥後藩《ひごはん》の許可《きょか》が下《お》りて越前《えちぜん》へ行《い》くことになった
おめでとうございます

家族の事 特《とく》に赤子《あかご》が病気《びょうき》など しないように頼《たの》むよ
ご安心《あんしん》ください 旦那様《だんなさま》も お体《からだ》を大切《たいせつ》に
12月《がつ》に肥後《ひご》に帰《かえ》り 5月《がつ》には越前《えちぜん》へ行《い》く 小楠《しょうなん》は2つの藩《はん》を往復《おうふく》した
横井家には、姑のかず、兄嫁《あによめ》の清子《きよこ》、2人《ふたり》の甥《おい》と 姪《めい》1人《ひとり》、女中《じょちゅう》の寿賀《じゅか》がいたが とにかくつせ子《こ》はよく働《はたら》いた
おつせは君子《くんし》だ 大《たい》したものだ
つせさんが何でも やってくれるので 楽《らく》になりましたね
ほんに気《き》のきく よか嫁《よめ》さんばい
かず
清子《きよこ》
文久《ぶんきゅう》2年《ねん》（1862）長女《ちょうじょ》みや子《こ》誕生《たんじょう》

開国論《かいこくろん》…外国《がいこく》との交流《こうりゅう》を認《みと》めようという考《かんが》え。

攘夷派《じょういは》…外国《がいこく》とは交流《こうりゅう》せず鎖国《さこく》を続《つづ》けようという考《かんが》えの人《ひと》びと。

おお、よう来られた
さあ、早《はや》く上《あ》がって
話《はなし》をいたそう
大《おお》きな声が
聞《き》こえるけれど
大丈夫《だいじょうぶ》かしら
徳富一敬《とくとみかずたか》
熱心《ねっしん》に議論《ぎろん》されて
います
茶《ちゃ》は私《わたくし》が出《だ》しましょう
いいえ、私も
ここにおります
いざという時《とき》には
お守《まも》りします
先生《せんせい》の教《おし》えを取《と》り入《い》れた
新政府《しんせいふ》を作《つく》ろうと
思《おも》うとります
見守《みまも》っていて
ください！

京都《きょうと》
徳川幕府《とくがわばくふ》が終《お》わり 小楠《しょうなん》は新政府《しんせいふ》に 参与《さんよ》として呼ばれ 実学《じつがく》の思想《しそう》を骨組《ほねぐ》みとした 新《あたら》しい国造《くにづく》りが始《はじ》まった
身分《みぶん》に関係《かんけい》なく 有能《ゆうのう》な人物《じんぶつ》を 用《もち》いること
意見《いけん》を自由《じゆう》に戦《たたか》わせ 代表者《だいひょうしゃ》による 合議《ごうぎ》の政治《せいじ》を 行《おこな》いましょう
参与《さんよ》…明治初年《めいじしょねん》の政府《せいふ》の高官《こうかん》。明治《めいじ》2年《ねん》（1869）に廃止《はいし》された。
なかなか新《あたら》しい 考《かんが》えですね 賛成《さんせい》です
しかし、あまり 急激《きゅうげき》なことを すると、反発《はんぱつ》が 起《お》こりますな
国内《こくない》で争《あらそ》っていては 他国《たこく》から滅《ほろ》ぼされます 国《くに》がまとまり 人民《じんみん》の生活《せいかつ》を豊《ゆた》かにし 国力《こくりょく》を強《つよ》めなければ
ところが明治《めいじ》2年《ねん》（1869）正月《しょうがつ》5日《か》 新政府《しんせいふ》を導《みちび》いていた 小楠《しょうなん》は道半《みちなか》ばにして 暗殺《あんさつ》された

沼山津《ぬやまづ》の横井家《よこいけ》
つせ子は一家を連れて京都《きょうと》の小楠《しょうなん》の元《もと》へ行《い》く準備《じゅんび》をしていた
ハアハア…
大変《たいへん》です!!
小楠先生《しょうなんせんせい》が京都《きょうと》で暗殺《あんさつ》されました!!
!!
遠《とお》いところをお知《し》らせくださりありがとうございます
先生が…
ヘナヘナ…
スッ
先生の身に悪《わる》い事《こと》が起《お》こった夢《ゆめ》を見《み》たので来《き》てみたが……
先生《せんせい》は無念《むねん》だったろう
さぞ新《あたら》しい国造《くにづく》りが遅《おく》れてしまう
先生《せんせい》の教《おし》えは弟子《でし》の私《わたし》たちで次《つぎ》の世代《せだい》に伝《つた》えよう
つせ子《こ》のことは私《わたし》たち姉妹《しまい》で支《ささ》えます

横井大平《よこいだいへい》…外国《がいこく》へ行《い》くことが禁止《きんし》されていた時代《じだい》に兄《あに》の左平太《さへいた》と共《とも》にアメリカへ留学《りゅうがく》。明治《めいじ》になって国費留学《こくひりゅうがく》が認《みと》められた。

横井大平《よこいだいへい》

明治《めいじ》4年《ねん》（1871）8月《がつ》、米国軍人《べいこくぐんじん》ジェーンズが洋学校《ようがっこう》の教師《きょうし》としてやってきた
実学党系《じつがくとうけい》の優秀《ゆうしゅう》な子弟《してい》50人《にん》が選《えら》ばれ、時雄《ときお》は1回生《かいせい》となった
その後《ご》、楫子《かじこ》の長男《ちょうなん》治定《はるさだ》、久子《ひさこ》の長男《ちょうなん》猪一郎《いいちろう》も入学《にゅうがく》した
治定《はるさだ》
猪一郎《いいちろう》（10歳《さい》）
ジェーンズ先生の授業は全《すべ》て英語《えいご》だから大変《たいへん》だよ
英語《えいご》の辞書《じしょ》が足《た》りないから順番《じゅんばん》に回《まわ》して使《つか》おう
10歳《さい》の僕《ぼく》にはチンプンカンプンだよ 13歳《さい》になったら再入学《さいにゅうがく》するよ
猪一郎《いいちろう》
学力不足《がくりょくぶそく》や病気《びょうき》などで退学《たいがく》する者《もの》も多《おお》かった

洋学校《ようがっこう》は全寮制《ぜんりょうせい》で
洋風《ようふう》の生活《せいかつ》を身《み》に
付《つ》けながら学《まな》んだ
優秀《ゆうしゅう》で情熱《じょうねつ》あふれる青年《せいねん》たちだが栄養面《えいようめん》が足《た》りていないな食生活《しょくせいかつ》の改善《かいぜん》をしよう
牛肉《ぎゅうにく》は初《はじ》めてだけどなかなかうまい！
ベッドという寝床《ねどこ》で休《やす》んだのは初《はじ》めてだよ！
ボクも！！
1年《ねん》を過《す》ぎた頃《ころ》には学生《がくせい》たちはジェーンズの英語《えいご》を理解《りかい》した
私1人《わたくしひとり》ではきめ細《こま》かに教《おし》える事《こと》は出来《でき》ない
互《たが》いに教《おし》え合《あ》うことで自助学習《じじょがくしゅう》にもなるよ
はい、下級生《かきゅうせい》に教《おし》えることで理解《りかい》が深《ふか》まります！
3年《ねん》が過《す》ぎ、優秀《ゆうしゅう》な生徒《せいと》は教《おし》える側《がわ》になった

時雄の妹みや子、猪一郎《いいちろう》の姉《あね》初子《はつこ》は向学心《こうがくしん》に燃《も》える女性《じょせい》である
どうして女《おんな》は洋学校《ようがっこう》に入《い》れてもらえないの
みや子《こ》
旦那様《だんなさま》もみや子《こ》の教育《きょういく》には熱心《ねっしん》だったけど洋学校《ようがっこう》で学《まな》べるのは男子《だんし》だけなのよ
猪一郎《いいちろう》は学校《がっこう》に入学《にゅうがく》できたのに不公平《ふこうへい》です
初子《はつこ》
気持《きも》ちはよくわかるよ
西洋《せいよう》の文化《ぶんか》や言葉《ことば》を学《まな》びたいのです！
まずはジェーンズ先生《せんせい》の奥様《おくさま》から習《なら》ったらどうでしょう
そうね、息子《むすこ》たちからお願《ねが》いさせましょう

横井左平太《よこいさへいた》…小楠《しょうなん》の甥《おい》で大平《だいへい》の兄《あに》。弟《おとうと》と同《おな》じ結核《けっかく》で亡《な》くなった。
妻《つま》の玉子《たまこ》は東京《とうきょう》で女子《じょし》美術学校《びじゅつがっこう》を設立《せつりつ》。
どうか妹《いもうと》たちに西洋《せいよう》の事《こと》を教《おし》えてください
姉《あね》は優秀《ゆうしゅう》な女性《じょせい》です よろしくお願《ねが》いします
私《わたくし》は主婦《しゅふ》です 教《おし》えることはできません
迷惑《めいわく》を掛《か》けないように少《すこ》しの時間《じかん》でいいですから
西洋《せいよう》の食事《しょくじ》や生活習慣《せいかつしゅうかん》などから始《はじ》めたらどうかな
それでよければ…週《しゅう》2、3時間《じかん》ならいいでしょう
ありがとうございます！ 予習復習《よしゅうふくしゅう》は私達《わたくしたち》が面倒《めんどう》みます！
アメリカに遊学中《ゆうがくちゅう》の横井左平太《よこいさへいた》の妻玉子《つまたまこ》も仲間《なかま》に入《はい》り、3人《にん》はジェーンズ夫人《ふじん》から学《まな》んだ

明治8年、洋学校は
4年目《ねんめ》を迎《むか》えた
ジェーンズ夫人《ふじん》が出産《しゅっさん》し
娘《むすめ》たちは教室《きょうしつ》で授業《じゅぎょう》を
受《う》けることになった
2人《ふたり》の女生徒《じょせいと》が参加《さんか》します妹《いもうと》と思《おも》って仲間《なかま》に入《い》れてください
おなごと一緒に学《まな》ぶことはできません
海老名弾正《えびなだんじょう》
海老名君《えびなくん》男《おとこ》より女《おんな》が劣《おと》っているなどということはありませんよ
海老名《えびな》…のちに横井《よこい》みや子《こ》と結婚《けっこん》する海老名《えびな》弾正《だんじょう》。柳川出身《やながわしゅっしん》。
女は男の仕事ができないし女《おんな》の仕事《しごと》もおろそかになります
女《おんな》をバカにする男《おとこ》は母《はは》や姉妹《しまい》や妻《つま》を持《も》つことも共《とも》に生活《せいかつ》することもできないはずですよ
わかりました先生《せんせい》の命令《めいれい》に従《したが》います
みや子《こ》と初子《はつこ》は2年間学《ねんかんまな》び
優《すぐ》れた成績《せいせき》であった
日本《にほん》で最初《さいしょ》の男女共学《だんじょきょうがく》を
経験《けいけん》した女性《じょせい》たちである

〜つせ子の苦悩《くのう》〜
明治《めいじ》9年《ねん》（1876）1月《がつ》30日《にち》
奉教趣意書
ジェーンズから キリスト教《きょう》について 学《まな》んだ生徒《せいと》らが 花岡山《はなおかやま》に集《あつ》まり 「奉教趣意書《ほうきょうしゅいしょ》」に署名《しょめい》した
バタ
バタ…
ワアァァ…
キリスト教徒《きょうと》に なるなんて 残念《ざんねん》で許《ゆる》しがたい ことです
時雄《ときお》さんを 耶蘇教《やそきょう》にしてしまって 亡《な》き先生《せんせい》に申《もう》し訳《わけ》が 立《た》ちますか！
申《もう》し訳《わけ》ありません

小楠の後継者として儒学を若者に講義《こうぎ》していた竹崎茶堂《たけざきさどう》・順子《じゅんこ》夫妻《ふさい》にとっては、わが身《み》を斬《き》られるような苦《くる》しみであった
若様《わかさま》はどこにおられる
実学門弟《じつがくもんてい》の方々《かたがた》にも申《もう》し訳《わけ》ない
やめるよう説得《せっとく》しなさい
しっかり言《い》い聞《き》かせ奥座敷《おくざしき》に閉《と》じ込《こ》めております
聞《き》き入《い》れない時《とき》は息子《むすこ》共々《ともども》自刃《じじん》いたします

そー……
宗教《しゅうきょう》を捨《す》てなければ
母《はは》は旦那様《だんなさま》の元《もと》へ
行《い》く覚悟《かくご》です
ギュッ
母《かあ》さんに
責任《せきにん》は
ありません
いいえ
皆《みな》さまに
申《もう》し開《ひら》きが
できません
自分《じぶん》が信仰《しんこう》を
捨《す》てなければ
母《はは》は自殺《じさつ》する
母《はは》を自殺《じさつ》に追《お》いやって
自分《じぶん》だけ天国《てんごく》に
悪夢《あくむ》のような一夜《いちや》は
白々《しらじら》と明《あ》けようとしていた
…………
しばらく
待《ま》ってください

いいえ 今《いま》すぐ決断《けつだん》するのです！
母《かあ》さん!!
バッ
時雄君《ときおくん》を許《ゆる》してください!!
僕《ぼく》たち悪《わる》いことはしていません!!
親戚や小楠門弟《もんてい》の方々の話《はな》し合《あ》いが開《ひら》かれ、門弟《もんてい》の太田黒惟信《おおたぐろこれのぶ》が提案《ていあん》した
信仰《しんこう》は各人《かくじん》の精神上《せいしんじょう》の事《こと》であり自由《じゆう》に任《まか》せなければならない
ただ一《ひと》つ、時雄《ときお》さんには牧師《ぼくし》にだけはならないでいただきたい
時雄《ときお》は許《ゆる》され、東京《とうきょう》の開成学校《かいせいがっこう》（東京大学《とうきょうだいがく》の前身校《ぜんしんこう》）へ入学《にゅうがく》、その後《ご》ジェーンズの紹介《しょうかい》で京都《きょうと》の同志社英学校《どうししゃえいがっこう》へ移《うつ》り『熊本《くまもと》バンド』の一員《いちいん》となった
明治《めいじ》9年《ねん》（1876）に洋学校《ようがっこう》は閉校《へいこう》されジェーンズ夫妻《ふさい》は熊本《くまもと》を去《さ》った

〜老《お》いては子《こ》に従《したが》うつせ子《こ》〜
古城堀端《ふるしろほりばた》の横井家《よこいけ》は明治《めいじ》10年《ねん》（1877）の西南戦争《せいなんせんそう》で全焼《ぜんしょう》。つせ子《こ》は本山《もとやま》に移《うつ》りパン屋《や》を営《いとな》んだ
西洋パン
ハァ…
何《なに》もかも焼《や》けてしまったわね…
元気《げんき》を出《だ》してください 母《かあ》さんは私《わたし》のお手本《てほん》です
私《わたし》はひたすら雑巾《ぞうきん》のように働《はたら》いてきたわ…
母《かあ》さんは素晴《すば》らしい女性《じょせい》だとお父様《とうさま》は言《い》っておられました
これからは何《なに》を頼《たよ》りに生《い》きたらいいのだろうね
そうだ、聖書《せいしょ》を読《よ》みますね 心《こころ》が安《やす》らぐかもしれません

同志社英学校を卒業し牧師《ぼくし》となった時雄《ときお》が帰《かえ》って来《き》た
四国今治《しこくいまばり》で布教《ふきょう》をしています
熊本《くまもと》が心配《しんぱい》で見《み》に来《き》ました
兄《にい》さんは誠実《せいじつ》で熱心《ねっしん》だから今治《いまばり》でもきっと信頼《しんらい》されてるわ
一緒《いっしょ》に暮《く》らしましょう僕《ぼく》も安心《あんしん》して働《はたら》けます
心配《しんぱい》かけないようにそのほうがいいかしら
それがいいわ清子伯母《きよこおば》さんもご一緒《いっしょ》に
寿賀《じゅか》さんも一緒《いっしょ》に来《き》てくれますか
奥様《おくさま》の行《い》かれる所《ところ》ならどこへでもお伴《とも》いたします

明治《めいじ》14年《ねん》(1881)、横井家《よこいけ》は時雄《ときお》のいる今治《いまばり》に引《ひ》っ越《こ》した

明治《めいじ》14年《ねん》、熊本《くまもと》で撮影《さつえい》

前列左《ぜんれつひだり》から
矢嶋源助直方《やじまげんすけなおかた》、竹崎順子《たけざきじゅんこ》、
三村《みむら》にほ子《こ》、横井清子《よこいきよこ》、横井《よこい》みや子《こ》
後列左《こうれつひだり》から
河瀬貞子《かわせさだこ》、徳富久子《とくとみひさこ》、横井《よこい》つせ子《こ》
(枠内右《わくないみぎ》)矢嶋楫子《やじまかじこ》
(同左《どうひだり》)藤島《ふじしま》もと子《こ》

時雄《ときお》は、山本峰子《やまもとみねこ》（新島襄《にいじまじょう》の妻《つま》・八重《やえ》の姪《めい》）と結婚《けっこん》した
今治《いまばり》の教会《きょうかい》
時雄《ときお》さんの頑張《がんば》る姿《すがた》を見《み》ていると私《わたし》も幸《しあわ》せになりますよ
フフ…
母《かあ》さんが明《あか》るくなってよかった
奉仕《ほうし》の生活《せいかつ》に生《い》きがいを感《かん》じていますよ
さよなら〜
母《かあ》さんは悩《なや》みを持《も》った方々《かたがた》の相談役《そうだんやく》として
つせ子《こ》は多《おお》くの女性信者《じょせいしんじゃ》の悩《なや》みを聞《き》き
また、病人《びょうにん》のいる家庭《かてい》に薬《くすり》や見舞《みまい》を届《とど》けた
時雄《ときお》の働《はたら》きで今治教会《いまばりきょうかい》は多《おお》くの信者《しんじゃ》を抱《かか》える

時雄は同志社神学
教授《きょうじゅ》となり京都《きょうと》に移《うつ》った
妻峰子《つまみねこ》は2人目《ふたりめ》の出産《しゅっさん》で
亡《な》くなった
京都《きょうと》・南禅寺《なんぜんじ》
あ……
叔母《おば》さん
どうしましたか
しっかりして
ください！
大変《たいへん》だ！
すぐに病院《びょういん》へ‼
はーい…
ガラ
ガラ
ガラ…

数《すう》カ月後《げつご》、つせ子《こ》の病《やまい》は
回復《かいふく》した
中風《ちゅうぶ》であった
私《わたし》があまりにこせこせしていたから神様《かみさま》が体《からだ》を不自由《ふじゆう》にさせてゆっくり心《こころ》を修行《しゅぎょう》するようにしてくださったのでしょう
東京《とうきょう》に引《ひ》っ越《こ》して元気《げんき》になられて
私《わたし》が外国《がいこく》へ行《い》っている間《あいだ》子供《こども》たちをお願《ねが》いします
フフ…
孫《まご》の面倒《めんどう》を見《み》ながら日々《ひび》を過《す》ごせることに感謝《かんしゃ》ですね
明治《めいじ》25年《ねん》（1892）夏《なつ》
逗子《ずし》の海岸《かいがん》
ザザ…
美《うつく》しい海辺《うみべ》で静《しず》かに祈《いの》りの時《とき》を過《す》ごせて幸《しあわ》せですよ

矯風会《きょうふうかい》の活動《かつどう》も姉《ねえ》さんたちの協力《きょうりょく》で盛《さか》んになりました
まあ…
おつせが『老人会《ろうじんかい》』を始《はじ》めてくれてみんな感謝《かんしゃ》してるよ
久子《ひさこ》
楫子《かじこ》
去年はにほ子姉さんも東京《とうきょう》に来《き》てくれて
ザザ…
4人《よにん》で久《ひさ》しぶりにおしゃべりできて嬉《うれ》しかったわね
でも源助兄《げんすけにい》さんともと子姉《こねえ》さんが亡《な》くなって寂《さび》しくなったね……
これからもみんなで支《ささ》え合《あ》って明《あか》るく生《い》きましょう
さあ！
おつせどんが笑顔《えがお》になってよかった、よかった

コラム

つせ子《こ》のことを母《はは》と慕《した》った徳冨蘆花《とくとみろか》

わが叔母横井《おばよこい》つせ子《こ》は、社会的《しゃかいてき》な功績《こうせき》はないけれど家庭《かてい》を守《まも》り、己《おのれ》（自分《じぶん》）のことは忘《わす》れて人《ひと》のために尽《つ》くし、与《あた》えられた運命《うんめい》を受《う》けいれてひたすら献身《けんしん》の生涯《しょうがい》を過《す》ごしました。

その生《い》きざまはすべて教訓《きょうくん》の泉《いずみ》のように大切《たいせつ》なことを教《おし》え続《つづ》けています。

＊＊＊

つせ子《こ》の息子時雄《むすこときお》は牧師《ぼくし》となって、世《よ》の中《なか》のために働《はたら》きました。また第《だい》3代同志社総長《だいどうししゃそうちょう》になりました。

その後《ご》、すすめられて政界《せいかい》へ進出《しんしゅつ》し、衆議院議員《しゅうぎいんぎいん》となりました。

つせ子《こ》の娘《むすめ》みや子《こ》は夫《おっと》（海老名弾正《えびなだんじょう》）に従《したが》い、家庭《かてい》を守《まも》りながら、叔母《おば》楫子《かじこ》の活動《かつどう》を支《ささ》えました。夫亡《おっとな》き後《あと》、日本婦人会会長《にほんふじんかいかいちょう》、YWCA会長《かいちょう》などを歴任《れきにん》し、女性《じょせい》の地位向上《ちいこうじょう》のために働《はたら》きました。

解説《かいせつ》　明治期《めいじき》の熊本実学党系《くまもとじつがくとうけい》の教育《きょういく》

一、熊本洋学校《くまもとようがっこう》の5年間《ねんかん》

明治《めいじ》4年《ねん》（1871）、ジェーンズ一家《いっか》（夫婦《ふうふ》と子供《こども》2人《ふたり》）は熊本《くまもと》の若者《わかもの》に西欧《せいおう》の学問《がくもん》や知識《ちしき》を伝《つた》えるために熊本《くまもと》へやってきました。「この教育計画《きょういくけいかく》は独創的《どくそうてき》で、人間性《にんげんせい》への熱誠《ねつせい》を教師《きょうし》（ジェーンズ）にもとめていた」と、ジェーンズは後《のち》に書《か》いています。

横井大平《よこいだいへい》の勧《すす》めと中央政府《ちゅうおうせいふ》の承認《しょうにん》、藩主細川護久《はんしゅほそかわもりひさ》の援助《えんじょ》により洋学校《ようがっこう》は開校《かいこう》されました。

第《だい》1回入学生《かいにゅうがくせい》は実学党系《じつがくとうけい》の50人《にん》でした。洋学校《ようがっこう》の授業《じゅぎょう》は全《すべ》て英語《えいご》で、代数《だいすう》から万国史《ばんこくし》まで様々《さまざま》な教科《きょうか》を原書《げんしょ》で学《まな》びました。生徒《せいと》たちは、必死《ひっし》で予習《よしゅう》し、数冊《すうさつ》の英語《えいご》の辞書《じしょ》を使《つか》い回《まわ》ししながら授業《じゅぎょう》にのぞみました。1年後《ねんご》には生徒《せいと》らはジェーンズの英語《えいご》が理解出来《りかいでき》るようになったというから、すごいことです。

ジェーンズ

熊本洋学校《くまもとようがっこう》

3年目《ねんめ》の途中《とちゅう》に女生徒《じょせいと》2名《めい》（横井《よこい》みや子《こ》、徳富初子《とくとみはつこ》）が入学《にゅうがく》しました。当時《とうじ》の日本《にほん》は、男性中心《だんせいちゅうしん》の社会《しゃかい》で、男女《だんじょ》が机《つくえ》を並《なら》べて学《まな》ぶなど考《かんが》えられませんでした。「熊本《くまもと》は女性《じょせい》が教育《きょういく》に目覚《めざ》めた、日本最初《にほんさいしょ》の土地《とち》」と、ジェーンズは言《い》っています。

日曜日《にちようび》にはジェーンズ邸《てい》で聖書《せいしょ》の講義《こうぎ》を聞《き》き、多《おお》くの生徒《せいと》がキリスト教《きょう》に影響《えいきょう》を受《う》けていきます。明治《めいじ》9年《ねん》（1876）1月《がつ》30日《にち》、35人《にん》の生徒《せいと》が花岡山《はなおかやま》（熊本市《くまもとし》）に集《つど》い「奉教趣意書《ほうきょうしゅいしょ》」に署名《しょめい》しました（第《だい》4章参照《しょうさんしょう》）。

洋学校《ようがっこう》への批判《ひはん》が強《つよ》くなり同年《どうねん》9月《がつ》、閉校《へいこう》となりました。生徒《せいと》の多《おお》くはジェーンズの紹介《しょうかい》で京都《きょうと》の同志社英学校《どうししゃえいがっこう》へ移《うつ》りました。

5年間《ねんかん》で200人《にん》を超《こ》える生徒《せいと》たちが学《まな》び、宗教界《しゅうきょうかい》、教育界《きょういくかい》、実業界《じつぎょうかい》、政界《せいかい》の指導者《しどうしゃ》となり、日本《にほん》や熊本《くまもと》の発展《はってん》に力《ちから》を尽《つ》くしました。

ジェーンズ一家《いっか》が熊本《くまもと》に伝《つた》えたものは、

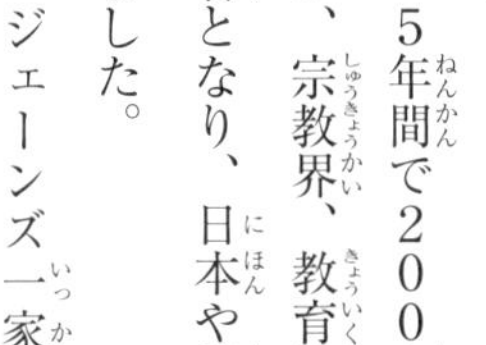
熊本洋学校《くまもとようがっこう》の生徒《せいと》たち

農業《のうぎょう》（西洋野菜《せいようやさい》や農具《のうぐ》）、洋風《ようふう》の生活《せいかつ》や料理《りょうり》、印刷機《いんさつき》などたくさんあります。

二、同志社英学校《どうししゃえいがっこう》と熊本《くまもと》バンド

明治《めいじ》8年《ねん》（1875）、同志社英学校《どうししゃえいがっこう》が新島襄《にいじまじょう》によって京都《きょうと》に開校《かいこう》されました。教員《きょういん》2名《めい》、生徒《せいと》8名《めい》でした。知識《ちしき》だけでなくキリスト教《きょう》に基《もと》づいた「徳育《とくいく》」を教育《きょういく》の中心《ちゅうしん》に置《お》きました。翌年《よくねん》、山本覚馬《やまもとかくま》から寄贈《きぞう》された今出川校地《いまでがわこうち》に移《うつ》ります。この時《とき》、熊本洋学校《くまもとようがっこう》の生徒《せいと》たちが入学《にゅうがく》し、校内《こうない》には熊本弁《くまもとべん》が飛《と》び交《か》いました。

熊本《くまもと》から来《き》た生徒《せいと》たちにとっては同志社英《どうししゃえい》学校《がっこう》の講義内容《こうぎないよう》も教師《きょうし》も物足《ものた》りませんでした。聖書《せいしょ》の授業《じゅぎょう》では生徒《せいと》の質問《しつもん》に応《こた》えられない新島襄《にいじまじょう》を先生《せんせい》とは認《みと》めないという者《もの》もいました。大阪《おおさか》で教師《きょうし》をしていたジェーンズは、同志社《どうししゃ》を退校《たいこう》したいという生徒《せいと》たちをなだめ「改革案《かいかくあん》」を提出《ていしゅつ》するようアドバイスしました。

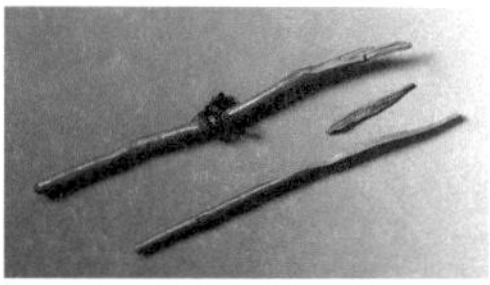
折《お》れた杖《つえ》

同志社英学校《どうししゃえいがっこう》

提出《ていしゅつ》された「改革案《かいかくあん》」を新島襄《にいじまじょう》は認《みと》め、生徒《せいと》たちの意見《いけん》を取《と》り入《い》れた学校運営《がっこううんえい》をします。

生徒《せいと》たちは新島《にいじま》の人柄《ひとがら》に触《ふ》れ、次第《しだい》に尊敬《そんけい》の気持《きも》ちを持《も》つようになり、同志社《どうししゃ》に残《のこ》り、「熊本《くまもと》バンド」と呼《よ》ばれる集団《しゅうだん》となります。

明治《めいじ》12年《ねん》（1879）6月《がつ》、第《だい》1回卒業生《かいそつぎょうせい》15人《にん》は、全員熊本《ぜんいんくまもと》バンドでした。卒業生《そつぎょうせい》は全国《ぜんこく》にちらばり、牧師《ぼくし》や教師《きょうし》などになりました。

明治《めいじ》13年《ねん》（1880）4月《がつ》13日《にち》の朝礼《ちょうれい》で新島襄《にいじまじょう》は自分《じぶん》の掌《てのひら》を杖《つえ》で打《う》ち、生徒《せいと》たちの争《あらそ》いを止《と》められない自分《じぶん》を罰《ばっ》することで生徒《せいと》たちに気持《きも》ちを伝《つた》えます。「自責《じせき》の杖《つえ》」事件《じけん》と語《かた》り伝《つた》えられています。徳富猪一郎《とくとみいいちろう》はこの争《あらそ》いの責任《せきにん》をとるために退学《たいがく》を決意《けつい》します。新島襄《にいじまじょう》は引《ひ》き止《と》めますが、猪一郎《いいちろう》はこの年《とし》の5月《がつ》、卒業《そつぎょう》を目前《もくぜん》にして退学《たいがく》しました。しかし、新島襄《にいじまじょう》と猪一郎《いいちろう》の師《し》弟《てい》の強《つよ》い絆《きずな》はこの後《のち》も続《つづ》きます。

明治《めいじ》23年《ねん》（1890）1月《がつ》23日《にち》、新島襄《にいじまじょう》は蘇峰《そほう》（猪一郎《いいちろう》）に見《み》

新島襄《にいじまじょう》

守《まも》られ、永眠《えいみん》します。46歳《さい》でした。
新島襄《にいじまじょう》が亡《な》くなり、同志社英学校《どうししゃえいがっこう》はその後《ご》、勝海舟《かつかいしゅう》や徳富蘇《とくとみそ》峰《ほう》、湯浅治郎《ゆあさじろう》（蘇峰《そほう》の姉初子《あねはつこ》の夫《おっと》）らによって支《ささ》えられます。総長《そうちょう》は熊本《くまもと》バンドのメンバーが歴任《れきにん》しました。

三、徳富猪一郎《とくとみいいちろう》（蘇峰《そほう》）の大江義塾《おおえぎじゅく》

同志社英学校《どうししゃえいがっこう》を退学《たいがく》した徳富猪一郎《とくとみいいちろう》は、大江《おおえ》（熊本市中央《くまもとしちゅうおう》区《く》）の実家《じっか》へ帰《かえ》りました。
明治《めいじ》15年《ねん》（1882）3月《がつ》、19歳《さい》の徳富猪一郎《とくとみいいちろう》は自宅《じたく》に私塾《しじゅく》「大江義塾《おおえぎじゅく》」を開校《かいこう》します。漢学者《かんがくしゃ》である父《ちち》、一敬《かずたか》も講義《こうぎ》を手《て》伝《つだ》いました。
塾《じゅく》では、個人《こじん》の権利《けんり》や自由《じゆう》な活動《かつどう》を大切《たいせつ》にした教育《きょういく》を行《おこな》い、「先生《せんせい》」ではなく「猪一郎《いいちろう》さん」と生徒《せいと》たちに呼《よ》ばせました。猪一郎《いいちろう》は数学以外《すうがくいがい》の英語《えいご》、経済《けいざい》、政治《せいじ》、史学《しがく》、地理《ちり》、文章学《ぶんしょうがく》などなんでも教《おし》えました。学問《がくもん》をしたい者《もの》は誰《だれ》でも受《う》け入《い》れ、生活《せいかつ》の面倒《めんどう》までみてもらう塾生《じゅくせい》もいました。義塾《ぎじゅく》は評《ひょう》判《ばん》になり県外《けんがい》から入学《にゅうがく》する者《もの》もいて、

徳富猪一郎《とくとみいいちろう》

生徒《せいと》は100名《めい》を超《こ》えるようになりました。
洋書《ようしょ》なども取《と》り寄《よ》せ、幅広《はばひろ》く情報《じょうほう》を集《あつ》め猪一郎自身《いいちろうじしん》も勉強《べんきょう》します。また、塾生《じゅくせい》にも読《よ》ませて、諸外国《しょがいこく》の新《あたら》しい事情《じじょう》にも関心《かんしん》を持《も》たせるようにしました。
土曜日《どようび》には「演説会《えんぜつかい》」も開《ひら》かれました。弟《おとうと》の健次郎《けんじろう》（蘆花《ろか》）や宮崎滔天《みやざきとうてん》（中国革命《ちゅうごくかくめい》の孫文《そんぶん》を支援《しえん》した）なども大江義塾《おおえぎじゅく》で学《まな》んでいます。
20歳《さい》のとき家督《かとく》を相続《そうぞく》し、21歳《さい》で両親《りょうしん》が決《き》めた倉園静子《くらぞのしずこ》と結《けっ》婚《こん》しました。
講義《こうぎ》のかたわら雑誌《ざっし》や新聞《しんぶん》に政治《せいじ》や社会《しゃかい》について自分《じぶん》の考《かんが》えを発表《はっぴょう》しました。「将来之日本《しょうらいのにほん》」という猪一郎《いいちろう》の論文《ろんぶん》が注目《ちゅうもく》を集《あつ》め、多《おお》くの人《ひと》に認《みと》められるようになりました。そこで、十代《じゅうだい》の頃《ころ》からの夢《ゆめ》であったジャーナリストになる決心《けっしん》をし、4年《ねん》10カ月《げつ》続《つづ》けてきた大江義塾《おおえぎじゅく》を閉《と》じました。両親《りょうしん》は息子猪一郎《むすこいいちろう》が安《あん》心《しん》して働《はたら》けるようにと一家《いっか》で上京《じょうきょう》しました。明治《めいじ》19年《ねん》（1886）のことです。

大江義塾《おおえぎじゅく》

大江《おおえ》の旧宅《きゅうたく》の庭《にわ》には記念館《きねんかん》が建《た》てられ、徳富記念園《とくとみきねんえん》として公開《こうかい》されています。敷地内《しきちない》にあるカタルパの木《き》は、新島襄《にいじまじょう》から送《おく》られた種子《しゅし》から育《そだ》ったものです。

四、熊本英学校《くまもとえいがっこう》と付属女学校《ふぞくじょがっこう》

横井小楠《よこいしょうなん》から甥《おい》の左平太《さへいた》と大平《だいへい》のアメリカ留学《りゅうがく》が生《う》まれ、大平《だいへい》から熊本洋学校《くまもとようがっこう》が生《う》まれ、日本《にほん》のどこにもないような教育《きょういく》がアメリカ軍人《ぐんじん》のジェーンズによってなされ、熊本《くまもと》の優秀《ゆうしゅう》な若者《わかもの》たちを育《そだ》て、そこから熊本《くまもと》バンドが生《う》まれ、さらに大江義塾《おおえぎじゅく》が生《う》まれ、続《つづ》いて熊本英学校《くまもとえいがっこう》、熊本女学校《くまもとじょがっこう》が生《う》まれました。

明治《めいじ》20年《ねん》（1887）、徳富蘇峰《とくとみそほう》の従兄《いとこ》、徳永規矩《とくながのりかね》により熊本英語学会《くまもとえいごがっかい》が始《はじ》められました。同《おな》じ年《とし》に蘇峰《そほう》の母久子《ははひさこ》らの発案《はつあん》により熊本女学会《くまもとじょがっかい》が立《た》ち上《あ》がりました。徳永規矩《とくながのりかね》・歌子夫婦《うたこふうふ》が教師《きょうし》を務《つと》めています。

熊本英語学会《くまもとえいごがっかい》は後《のち》に熊本英学校《くまもとえいがっこう》と名称《めいしょう》を変《か》え、明治《めいじ》21年《ねん》（1888）に県《けん》から認可《にんか》され、有志《ゆうし》の協力《きょうりょく》で大江町九品寺《おおえまちくほんじ》に校舎《こうしゃ》が建設《けんせつ》されました。初代校長《しょだいこうちょう》は横井小楠《よこいしょうなん》の娘《むすめ》みや子《こ》の夫《おっと》、海老名弾正《えびなだんじょう》でした。この頃《ころ》、徳富蘆花《とくとみろか》も教師《きょうし》として働《はたら》いています。

熊本女学会《くまもとじょがっかい》は明治《めいじ》22年《ねん》（1889）5月《がつ》、九品寺《くほんじ》に校舎《こうしゃ》を建設《けんせつ》し、熊本英学校付属女学校《くまもとえいがっこうふぞくじょがっこう》と名称《めいしょう》を改《あらた》めました。竹崎順子《たけざきじゅんこ》は舎監《しゃかん》として8畳《じょう》の舎監室《しゃかんしつ》に住《す》みました。同年《どうねん》11月《がつ》、私立熊本女学校《しりつくまもとじょがっこう》として認可《にんか》され、海老名弾正《えびなだんじょう》が公式《こうしき》に熊本英学校及《くまもとえいがっこうおよ》び付属《ふぞく》女学校《じょがっこう》の初代校長《しょだいこうちょう》となりました。

熊本《くまもと》の教育《きょういく》への人々《ひとびと》の熱《あつ》い願《ねが》いと支援《しえん》が実《み》を結《むす》びました。

明治《めいじ》24年《ねん》12月《がつ》（1891）、第《だい》2代校長《だいこうちょう》として蔵原惟郭《くらはらこれひろ》を迎《むか》えました。翌年《よくねん》1月歓迎《がつかんげい》の言葉《ことば》を述《の》べた教師《きょうし》の演説《えんぜつ》の中《なか》に「眼中国家無《がんちゅうこっかな》し」という言葉《ことば》がありました。それを知《し》った松平知事《まつだいらちじ》は、学校《がっこう》をつぶそうと図《はか》りましたが、英学校《えいがっこう》は九州私学校《きゅうしゅうしがっこう》と名前《なまえ》を改《あらた》め存続《そんぞく》しました。

しかし、明治《めいじ》29年《ねん》（1896）3月《がつ》25日《にち》、九州私学校《きゅうしゅうしがっこう》は財政難《ざいせいなん》で閉校《へいこう》となります。付属熊本女学校《ふぞくくまもとじょがっこう》は竹崎順子《たけざきじゅんこ》の「女子《じょし》教育《きょういく》の灯《ともび》を守《まも》ろう」という熱意《ねつい》と努力《どりょく》で、明治《めいじ》30年《ねん》1月再認可《がつさいにんか》され、独立《どくりつ》した私立《しりつ》熊本女学校《くまもとじょがっこう》となりました。

熊本女学校《くまもとじょがっこう》

第《だい》5章《しょう》　矢嶋楫子《やじまかじこ》～女性《じょせい》の生《い》きやすい社会《しゃかい》を求《もと》めて
～再出発《さいしゅっぱつ》～
明治元年《めいじがんねん》（1868）、35歳《さい》の勝子《かつこ》は赤《あか》ん坊《ぼう》の達子《たつこ》を抱《だ》いて杉堂《すぎどう》の実家《じっか》へ帰《かえ》った
迷惑《めいわく》をかけますが林家《はやしけ》には戻《もど》れません
七郎《しちろう》どんも反省《はんせい》しとる許《ゆる》してやったらどうだろう
酒を飲むと人《ひと》が変《か》わり乱暴《らんぼう》になられます
子供《こども》たちのために辛抱《しんぼう》できないかい
申《もう》し訳《わけ》ありません
ギュッ
そうか……しばらくここで休《やす》みなさい
嫁《とつ》いで10年《ねん》、勝子《かつこ》は離婚《りこん》を決意《けつい》していた

翌日《よくじつ》
命《いのち》がけの決意《けつい》です どうかお許《ゆる》しください
そこまで思《おも》い詰《つ》めておったのか……
女《おんな》から離婚《りこん》することは許《ゆる》されない時代《じだい》であった
治定《はるさだ》、なも子《こ》のことよろしくお願《ねが》いします
子供《こども》たちのことは心配《しんぱい》いらないよ
ご恩《おん》は一生《いっしょう》忘《わす》れません
勝子《かつこ》は1年《ねん》ごとに姉《あね》たちの婚家《こんか》に身《み》を寄《よ》せた
竹崎家《たけざきけ》
お昼にしましょ
徳富家《とくとみけ》
ドタドタ…

5年後、明治新政府の役人《やくにん》となった兄源助《あにげんすけ》が病《やまい》に倒《たお》れたとの知《し》らせが届《とど》いた
お勝《かつ》、兄《にい》さんの看病《かんびょう》に東京《とうきょう》へ行《い》っておくれ
お勝《かつ》は漢方薬《かんぽうやく》にも詳《くわ》しいし
兄《にい》さんにはお国《くに》のために元気《げんき》になってもらわないと
心配《しんぱい》ばかりかけてきました
恩返《おんがえ》しと思《おも》って看病《かんびょう》に行《い》きます
林家《はやしけ》に残《のこ》した治定《はるさだ》は洋学校《ようがっこう》に入《はい》ったし
長女《ちょうじょ》のなも子《こ》は三村家《みむらけ》で家事見習《かじみなら》いに頑張《がんば》ってるし
妹《いもと》(貞子《さだこ》)がお達《たつ》の面倒《めんどう》をみたいと言《い》ってましたよ

お貞叔母《さだおば》さんの家《いえ》に
一人《ひとり》でお泊《とま》り
できるかい
うん
おりこうさんに
してるよ
お達《たつ》は
かしこいね
明治《めいじ》5年《ねん》（1872）、
勝子《かつこ》は
長崎港《ながさきこう》から船《ふね》に乗《の》った
船《ふね》は楫《かじ》によって
方向《ほうこう》を定《さだ》め進《すす》んでいく
私《わたし》も人生《じんせい》の楫取《かじと》りが
できるだろうか
楫子《かじこ》と名前《なまえ》を変《か》えて
自分《じぶん》の意思《いし》で
生《い》きて行《い》こう
親子《おやこ》で暮《く》らせる日《ひ》が
きますように

〜東京《とうきょう》での自立《じりつ》〜
兄源助は神田猿楽町で800坪《つぼ》の邸宅《ていたく》に書生《しょせい》や食客《しょっかく》と共《とも》に暮《く》らしていた
ペチャ
クチャ・・
スッ
薬《くすり》を煎《せん》じました早《はや》く元気《げんき》になってくださいね
お勝《かつ》が看病《かんびょう》してくれれば病気《びょうき》も飛《と》んでいくよ
船《ふね》の楫《かじ》から名前《なまえ》を楫子《かじこ》に変《か》えました
ほほう自立《じりつ》した女《おんな》にふさわしい名《な》だよ
兄の病は治り、左院議官として忙《いそが》しく働《はたら》くようになった
おかえりなさい
この頃《ごろ》は家《いえ》の中《なか》が引《ひ》き締《し》まってきたようだ
書生《しょせい》さんたちに家事《かじ》を分担《ぶんたん》してもらって無駄《むだ》をなくしたんです

楫子《かじこ》は立派《りっぱ》な教師《きょうし》になれるよ
教員伝習所《きょういんでんしゅうしょ》を受験《じゅけん》してみないかい
40歳《さい》の私《わたし》にできるでしょうか
年齢《ねんれい》は関係《かんけい》ないやる気《き》と人生経験《じんせいけいけん》も大切《たいせつ》なのだよ
教《おし》えることは好《す》きだしだめもとで受《う》けてみます
楫子《かじこ》は教員伝習所《きょういんでんしゅうしょ》に合格《ごうかく》し、若《わか》い女学生《じょがくせい》に混《ま》じって勉強《べんきょう》を始《はじ》めた
ねえちょっと
数学《すうがく》や幾何《きか》が難《むずか》しくってちょっと教《おし》えてちょうだい

熱心《ねっしん》ですね
早《はや》く卒業《そつぎょう》して一人前《いちにんまえ》の働《はたら》きをしたいのよ
応援《おうえん》してますよ
楫子《かじこ》は1年《ねん》で伝習所《でんしゅうしょ》を卒業《そつぎょう》、桜川小学校《さくらがわしょうがっこう》の教師《きょうし》となった
教師《きょうし》としての出発《しゅっぱつ》の朝《あさ》だおめでとう
ありがとうございます頑張《がんば》って働《はたら》きます
お気《き》をつけていってらっしゃい
楫子《かじこ》は「自立《じりつ》」の道《みち》を歩《ある》き出《だ》した

～教師《きょうし》として～
放課後《ほうかご》、楫子《かじこ》は欠席《けっせき》の子《こ》の家《いえ》を訪問《ほうもん》した
学校《がっこう》に出《だ》してください 教育《きょういく》は将来《しょうらい》のために必要《ひつよう》です
あーんあーん
ヒック
食《た》べていくだけで精《せい》いっぱいなんだよ 女《おんな》に学問《がくもん》なんぞいらん
月謝《げっしゃ》はいりませんから…
よけいなお世話《せわ》だ この子《こ》にも働《はたら》いてもらわんと食《く》っていけん
お酒《さけ》をやめて働《はたら》かれたらどうですか
ドン!
うるさい! かまわんでくれ!
借金《しゃっきん》のために娘《むすめ》を売《う》る親《おや》もいた
また来《き》ます
世間《せけん》はなぜ酒《さけ》の害《がい》に気付《きづ》かないのだろうか…

先生《せんせい》、子守《こもり》しながら勉強《べんきょう》してもいいですか？
まあ、先生《せんせい》におんぶさせてね
では出席をとりますね
春《はる》ちゃんは今日《きょう》もお休《やす》みでーす
春子《はるこ》のために何《なに》もできない自分《じぶん》が情《なさ》けない…
楫子《かじこ》は厳《きび》しいけれど子供《こども》たちを大切《たいせつ》にする教師《きょうし》であった
明治《めいじ》11年（1878）の秋、1人《ひとり》の牧師《ぼくし》が楫子《かじこ》を訪《たず》ねた
新栄女学校《しんさかえじょがっこう》のミセス・ツルーがしっかりした日本《にほん》女性《じょせい》を探《さが》しています
外国《がいこく》の方《かた》が経営《けいえい》される学校《がっこう》で私《わたし》は務《つと》まるでしょうか
日本《にほん》の女子教育《じょしきょういく》は日本女性《にほんじょせい》の手《て》でされるべきだとお考《かんが》えです
安川享牧師《やすかわとおるぼくし》

でも私《わたし》はキリスト教徒《きょうと》ではありませんし……
いや、ぜひ矢嶋先生《やじませんせい》に引《ひ》き受《う》けていただきたい
一度《いちど》ミセス・ツルーを訪《たず》ねてみて下《くだ》さい
楫子《かじこ》の教師《きょうし》としての力《ちから》は誰《だれ》もが認《みと》めていた
楫子《かじこ》はミセス・ツルーを訪《たず》ねた
新栄女学校《しんさかえじょがっこう》
今《いま》、帰《かえ》りました
一日中《いちにちじゅう》待《ま》っておられたのですね
今日《きょう》のうちにお会《あ》いできてよかった
ツルーは楫子《かじこ》の忍耐強《にんたいづよ》さに感心《かんしん》した
寄宿舎《きしゅくしゃ》での監督《かんとく》と修身《しゅうしん》などの教科《きょうか》を受《う》け持《も》ってほしいのですよ
マリア・ツルー
寄宿舎《きしゅくしゃ》の世話《せわ》はできますが聖書《せいしょ》の授業《じゅぎょう》はできません
聖書《せいしょ》についてはこれから学《まな》べばいいでしょう

キリスト教徒《きょうと》でなくてもよいのですね
正《ただ》しい判断《はんだん》と行動《こうどう》のできる日本女性《にほんじょせい》を育《そだ》てていただきたいの
わかりました給料《きゅうりょう》は10円《えん》でどうでしょうか
まあ、少《すこ》し高《たか》くないかしら
高《たか》いかもしれませんがやらせてみてください
わかりましたあなたにお任《まか》せします
気持《きも》ちをはっきり伝《つた》える楫子《かじこ》にツルーは好感《こうかん》を持《も》った
楫子《かじこ》は舎監室《しゃかんしつ》に引《ひ》っ越《こ》した
ミセス・ツルーとならうまくやっていけそうだわ
頑張《がんば》らなくちゃ

新栄女学校《しんさかえじょがっこう》の教室《きょうしつ》
ガヤ
ガヤ
どうされましたか
時間《じかん》を守《まも》りませんでした
係《かか》りの仕事《しごと》を忘《わす》れていました
シュン…
あら
それは叱《しか》られても仕方《しかた》ないわね
私《わたし》も一緒《いっしょ》にあやまりましょう
二度《にど》とさぼったりいたしません
あなた方《がた》を信《しん》じますよ矢嶋先生《やじませんせい》も許《ゆる》してくれますよ
ミセス・ツルーはなんて広《ひろ》い心《こころ》を持《も》っておられるのだろうか
私《わたし》も皆《みな》さんを信《しん》じていますよ
ありがとうございます
ツルーと楫子《かじこ》は教師《きょうし》として互《たが》いに尊敬《そんけい》し、心《こころ》を開《ひら》いて接《せっ》した

舎監室には教師や訪問客がよく相談《そうだん》に訪《おとず》れた
タバコは体《からだ》に悪《わる》いわおやめ下《くだ》さい
タバコは若《わか》い人《ひと》には害《がい》になるけど老人《ろうじん》にはいいものですよ
スパーッ
この時代《じだい》の日本《にほん》では老婦人《ろうふじん》の喫煙《きつえん》は普通《ふつう》の習慣《しゅうかん》であった
矢嶋先生の喫煙《きつえん》をなぜ許《ゆる》しておられるのですか
その内《うち》に、自《みずか》らお気《き》づきになるはずです
いつでもご相談《そうだん》においで下《くだ》さい
ありがとうございました
がんこな方《かた》だから止《や》められるでしょうか
もうしばらく待《ま》ってみましょう
ジジ…
コロン
ジジジ…

大変《たいへん》！
矢嶋先生《やじませんせい》の
部屋《へや》から煙《けむり》が！
早《はや》く水《みず》を！
バシャッ
火事《かじ》にならなくて
よかった〜
バタ
バタ
バタ…
あ！
矢嶋先生《やじませんせい》！
ああ…
取《と》り返《かえ》しの
つかないことを……

ズッ
申《もう》し訳《わけ》ありません
どんな処分《しょぶん》でも…！
スッ
いいえ、あなたに
注意《ちゅうい》しなかった私《わたし》を
許《ゆる》してください
悪《わる》いのは私《わたし》です
先生方《せんせいがた》の忠告《ちゅうこく》を
聞《き》きませんでした…
私《わたし》も
同《おな》じですよ
この時《とき》から
楫子《かじこ》はタバコを
きっぱりとやめた
明治《めいじ》12年《ねん》（1879）、
官吏《かんり》を辞《や》めた
兄源助《あにげんすけ》が病気《びょうき》と聞《き》き
楫子《かじこ》は故郷《こきょう》へ帰《かえ》った
東京《とうきょう》で元気《げんき》に
仕事《しごと》をして
います
お前《まえ》も立派《りっぱ》に
なった
安心《あんしん》したぞ
兄《にい》さんの
おかげです

四郎《しろう》を
養子《ようし》にください
東京《とうきょう》で学問《がくもん》をさせ
立派《りっぱ》に育《そだ》てます
よろしく頼《たの》むよ
東京《とうきょう》に戻《もど》った楫子《かじこ》は
この年《とし》の11月《がつ》9日《か》
新栄教会《しんさかえきょうかい》で洗礼《せんれい》を受《う》けた
洗礼《せんれい》…キリスト教《きょう》で信者《しんじゃ》になるための儀式《ぎしき》。
あなたの洗礼《せんれい》を
どんなに待《ま》っていたことか
言《い》って下《くだ》されば
もっと早《はや》くに
そうしたでしょう
フフッ
あなたは他《ほか》から
勧《すす》められて
従《したが》う人《ひと》ではないわ
スッ
あなたの事《こと》を
尊敬《そんけい》し信頼《しんらい》しています
協力《きょうりょく》し合《あ》って
日本女性《にほんじょせい》の教育《きょういく》に

～校長《こうちょう》となって～
48歳《さい》の楫子《かじこ》は、校長代理《こうちょうだいり》として桜井女学校《さくらいじょがっこう》を任《まか》せられた
恒子《つねこ》さん これから仲良《なかよ》くしましょうね
いやです 前《まえ》の校長先生《こうちょうせんせい》のように若《わか》くおきれいではないですから
山田恒子《やまだつねこ》
おやおや そうですか でも少《すこ》しずつ慣《な》れますよ
楫子《かじこ》は熊本《くまもと》から四郎《しろう》と達子《たつこ》を呼《よ》び寄《よ》せた
うわあああ～
たべたくない～～
ほら、泣《な》かずに食《た》べるのよ
ほっときなさい お腹《なか》がすけば食《た》べますよ
達子《たつこ》は楫子《かじこ》のことを先生《せんせい》と呼《よ》び、四郎《しろう》も次第《しだい》に寮《りょう》の生活《せいかつ》に慣《な》れていった

明治《めいじ》14年《ねん》（1881）、楫子《かじこ》は桜井女学校《さくらいじょがっこう》の校長《こうちょう》となった
教養《きょうよう》ある家庭婦人《かていふじん》を育《そだ》てるために頑張《がんば》りましょう
学科《がっか》のほかに家事《かじ》や女性《じょせい》としての作法《さほう》も学《まな》ばせたいのですが
それはいいわね
寒《さむ》い朝《あさ》の寮《りょう》の台所《だいどころ》でツルーは井戸《いど》からの水汲《みずく》みを黙《だま》って実践《じっせん》した
あっ先生《せんせい》手《て》が！
私《わたし》たちがやります！
教師《きょうし》も生徒《せいと》も同《おな》じですよ一緒《いっしょ》にいたしましょう
生徒《せいと》たちは率先《そっせん》してきつい仕事《しごと》にも励《はげ》んだ

会議室《かいぎしつ》
今日《きょう》はデモクラシーの意味《いみ》や自治《じち》ということも学《まな》びましょう
生活《せいかつ》の中《なか》の体験《たいけん》が大切《たいせつ》ですね
起床《きしょう》や就寝《しゅうしん》、食事入浴《しょくじにゅうよく》の時間《じかん》など話《はな》し合《あ》って決《き》めて下《くだ》さい
決《き》まらない時《とき》はどうしますか
多数決《たすうけつ》で決《き》めるのよ
意見《いけん》が通《とお》らなかった人《ひと》が反発《はんぱつ》するかもしれません
決《き》まったら反対意見《はんたいいけん》の人《ひと》も守《まも》らなければね
意見《いけん》を戦《たたか》わせた後《あと》は握手《あくしゅ》して仲良《なかよ》くするの
シェイクハンド
あなた方《がた》は各班《かくはん》の代表《だいひょう》ですみんなに伝《つた》えてね
わかりましたみんなで話《はな》し合《あ》います
生徒《せいと》たちは生《い》き生《い》きと動《うご》き出《だ》した

明治《めいじ》23年《ねん》（1890）57歳《さい》の楫子《かじこ》は女子学院《じょしがくいん》初代学院長《しょだいがくいんちょう》になった
校則《こうそく》は作《つく》りません あなたがたは聖書《せいしょ》を持《も》っています 自分《じぶん》で自分《じぶん》を治《おさ》めるのです 善悪《ぜんあく》の判断《はんだん》は規則《きそく》に任《まか》せるのではなく良心《りょうしん》がするべきです
女子学院《じょしがくいん》…新栄女学校《しんさかえじょがっこう》と桜井女学校《さくらいじょがっこう》とが合併《がっぺい》して女子学院《じょしがくいん》となった。
校則《こうそく》がないなんて嬉《うれ》しいわ
自分《じぶん》に厳《きび》しくしなくちゃね
正《ただ》しい判断力《はんだんりょく》を身《み》につけましょう
生徒《せいと》たちは自由《じゆう》な校風《こうふう》の中《なか》でのびのびと学《まな》んだ
キキ…
先生《せんせい》！便所掃除《べんじょそうじ》は私《わたし》たちがいたします
私《わたし》が一番《いちばん》に起《お》きたのでやっているのですよ
これからはもっと早起《はやお》きします！
楫子《かじこ》は「光線《こうせん》」と呼《よ》ばれ生徒《せいと》にとっては怖《こわ》い存在《そんざい》であった

大正《たいしょう》2年《ねん》（1913）、80歳《さい》の楫子《かじこ》は女子学院院長《じょしがくいんいんちょう》を辞《や》め名誉院長《めいよいんちょう》となった
長《なが》い間《あいだ》学院長《がくいんちょう》としてお疲《つか》れ様《さま》でした
ありがとうございました
人形《にんぎょう》をいくつも持《も》っていると取《と》り上《あ》げて他《ほか》の人《ひと》に渡《わた》されたわ
ガントレット恒子《つねこ》（旧姓山田《きゅうせいやまだ》）
そうそういやな先生《せんせい》と思《おも》ったものです
アハハ
そんなこともあったかねぇ
質素倹約《しっそけんやく》も教《おし》えてくださった
でも、病気《びょうき》の時《とき》寝《ね》ずに看病《かんびょう》してくださいました
私《わたし》たちが残《のこ》した漬物《つけもの》も洗《あら》って取《と》っておかれましたね
マズイと言《い》ったり残《のこ》したりする人《ひと》はいなくなったわ

先生《せんせい》は文字《もじ》もお上手《じょうず》 教養《きょうよう》も高《たか》いけど 英語《えいご》は全《まった》くダメで
CBA
???
ププ…
だからこれからは英語力《えいごりょく》が必要《ひつよう》だって幼稚部《ようちぶ》から英語《えいご》を覚《おぼ》えさせられたわ
あなたたちならできる!!
そうそう
あの時は大変だったわね～
百年以上《ひゃくねんいじょう》も未来《みらい》を見《み》つめて教育《きょういく》を実践《じっせん》しておられたのですね
ほめてくれてありがとう
フフフ
アハハハ…
今日《きょう》は先生《せんせい》のお祝《いわ》いですから
さあ、今日《きょう》は寮《りょう》の献立《こんだて》です 残《のこ》さず食《た》べるのですよ
懐《なつ》かしいわね
はーい いただきます
女子学院《じょしがくいん》は多《おお》くの優《すぐ》れた女性《じょせい》たちを輩出《はいしゅつ》し 現在《げんざい》も名門校《めいもんこう》として 高《たか》い教育力《きょういくりょく》を誇《ほこ》っている

〜日本《にほん》キリスト教《きょう》
婦人矯風会会頭《ふじんきょうふうかいかいとう》として〜
明治19年（1886）、米国婦人禁酒会《べいこくふじんきんしゅかい》よりレビット女史《じょし》がやってきた
多《おお》くの女性《じょせい》たちが演説《えんぜつ》を心待《こころま》ちにしています
パチパチパチ…
ありがとう 通訳《つうやく》は日本女性《にほんじょせい》にしてくださいね
では渡瀬《わたせ》さん どうかしら
赤《あか》ん坊《ぼう》がいますし無理《むり》ですよ
卒業生《そつぎょうせい》
渡瀬《わたせ》かめ子《こ》
これからの女性《じょせい》は挑戦《ちょうせん》することが大事《だいじ》ですよ
わかりました やってみます
アメリカの若者《わかもの》たちが南北戦争《なんぼくせんそう》の戦場《せんじょう》で飲酒《いんしゅ》の悪習《あくしゅう》を身《み》につけて帰《かえ》り 多《おお》くの国民《こくみん》が悩《なや》まされました

婦人《ふじん》たちによって
禁酒運動《きんしゅううんどう》が広《ひろ》まり
多《おお》くの若者《わかもの》が
救《すく》われました
渡瀬《わたせ》の通訳《つうやく》を楫子《かじこ》は
誇《ほこ》りに感《かん》じながら聞《き》いた
婚家《こんか》での苦《くる》しい
体験《たいけん》を思《おも》い出《だ》し
あなたの話《はなし》に深《ふか》く
共鳴《きょうめい》しました
この運動《うんどう》を
日本《にほん》でも
広《ひろ》めてください
レビットさん！
矢嶋先生《やじませんせい》！
これまでは
思《おも》うだけで
行動《こうどう》できません
でした
日本《にほん》にも
禁酒会《きんしゅかい》の支部《しぶ》を
作《つく》りましょう
講演《こうえん》が終《お》わった後《あと》
賛同《さんどう》する女性《じょせい》たち
6名《めい》が集《あつ》まった

建白書《けんぱくしょ》…政府《せいふ》や上役《うわやく》などに自分《じぶん》の意見《いけん》を伝《つた》えるために書《か》かれた書《しょ》。

一夫一婦《いっぷいっぷ》を
提案《ていあん》することは
お上《かみ》に抗議《こうぎ》する
ことですから
切腹《せっぷく》を申《もう》しつけ
られた時《とき》に直《ただ》ちに
お受《う》けするためです
どうかご無事《ぶじ》で
…！
白装束《しろしょうぞく》に身《み》を包《つつ》んだ楫子《かじこ》は
元老院《げんろういん》に向《む》かった
明治《めいじ》26年《ねん》（1893）、
60歳《さい》の楫子《かじこ》は
日本《にほん》キリスト教婦人《きょうふじん》
矯風会会頭《きょうふうかいかいとう》になった
明治《めいじ》31年《ねん》（1898）、
民法《みんぽう》により
一夫一婦《いっぷいっぷ》制度《せいど》が確立《かくりつ》した
私《わたし》たちの願《ねが》いが
やっと実現《じつげん》したわ！
これからも
世《よ》の中《なか》を
良《よ》くするために
頑張《がんば》りましょう！

大正2年（1913）学院長《がくいんちょう》を辞《や》めた楫子《かじこ》は赤坂区《あかさかく》溜池町《ためいけまち》の矯風会《きょうふうかい》の事務所《じむしょ》に住《す》んだ
相談者《そうだんしゃ》が多《おお》かったが楫子《かじこ》は1人《ひとり》ひとりの話《はなし》を聞《き》いた
悩《なや》みを聞《き》いていただきありがとうございます
一晩《ひとばん》寝《ね》て起《お》きたらいい考《かんが》えが出《で》るでしょう
兄《あに》は戦争《せんそう》で亡《な》くなりました
女《おんな》にとって戦争《せんそう》は最《もっと》も悲《かな》しい出来事《できごと》ですね
与謝野晶子《よさのあきこ》みたいに戦争《せんそう》の悲惨《ひさん》さを訴《うった》えてください
私《わたし》に何《なに》ができるか考《かんが》えましょう
ガタンガタン
矯風会支部《きょうふうかいしぶ》を開《ひら》くために日本中《にほんじゅう》を回《まわ》りながら楫子《かじこ》は平和《へいわ》について何《なに》ができるかを考《かんが》え続《つづ》けた

〜海外《かいがい》へ４度《ど》の渡航《とこう》〜
明治《めいじ》39年《ねん》（1906）73歳《さい》の楫子《かじこ》は万国矯風会《ばんこくきょうふうかい》ボストン大会《たいかい》に出席《しゅっせき》した
叔母《おば》さんようこそサンフランシスコへ
大久保音羽子《おおくぼおとわこ》
初《はじ》めまして娘《むすめ》の落実《おちみ》です
ボストンまでは落実《おちみ》さんが案内《あんない》してくれますね
まだ学生《がくせい》ですが大叔母《おおおば》さんのために心《こころ》を込《こ》めて案内《あんない》します
ボストンの会場《かいじょう》
日本《にほん》の矢嶋会頭《やじまかいとう》に代《か》わりご挨拶《あいさつ》いたします
しっかりした娘《むすめ》だ矯風会《きょうふうかい》の仕事《しごと》を手伝《てつだ》ってくれたら嬉《うれ》しいね

さらにルーズベルト大統領《だいとうりょう》からホワイトハウスに招待《しょうたい》された
ようこそアメリカへおいで下《くだ》さいました
ルーズベルト大統領《だいとうりょう》
日露戦争《にちろせんそう》を終《お》わらせていただきありがとうございました
日本《にほん》の女性《じょせい》たちは戦争《せんそう》のない平和《へいわ》な世界《せかい》を望《のぞ》んでいます
日本《にほん》の皆《みな》さんによろしく伝《つた》えて下《くだ》さい
5カ月後《げつご》に帰国《きこく》した楫子《かじこ》の前髪《まえがみ》は真《ま》っ白《しろ》になっていた
大正《たいしょう》9年《ねん》（1920）87歳《さい》の楫子《かじこ》は万国矯風会《ばんこくきょうふうかい》ロンドン大会《たいかい》に出席《しゅっせき》した
楫子《かじこ》！
ワァッ
握手《あくしゅ》して！

先生《せんせい》、握手《あくしゅ》攻《ぜ》めで手《て》が腫《は》れていませんか?
大丈夫《だいじょうぶ》よ それよりまたほっぺたをなめられましたよ
こちらでは親《した》しみを込《こ》めて頬《ほお》にキスするんです
先生《せんせい》は一番《いちばん》の人気者《にんきもの》ですよ
ウフフ
そお?
それに3人《にん》の中《なか》で先生《せんせい》が一番元気《いちばんげんき》ですね
4月《がつ》24日《か》 楫子《かじこ》の誕生日《たんじょうび》を祝《いわ》うサプライズが催《もよお》された
ハッピーバースデー マダム楫子《かじこ》!
どっさり!
サンキュー!
国《くに》は違《ちが》ってもひとつ心《こころ》で接《せっ》する事《こと》ができ幸《しあわ》せです 将来《しょうらい》の平和《へいわ》のために何《なに》をしなければならないか共《とも》に語《かた》り合《あ》いましょう
楫子《かじこ》の孫《まご》の鵜飼清子《うかいきよこ》がシアトルから同行《どうこう》しての170日間《にちかん》の旅《たび》であった

大正10年（1921）5月
楫子《かじこ》は満州《まんしゅう》、朝鮮《ちょうせん》の各地《かくち》で講演《こうえん》をし、支部《しぶ》を設立《せつりつ》した
はるぴん丸《まる》
貞子叔母《さだこおば》さんと再会《さいかい》できてよかった
お達《たつ》を12歳《さい》まで育《そだ》ててくれた恩人《おんじん》ですよ
たくさんの村《むら》の人達《ひとたち》が講演《こうえん》を聞《き》いてくれて嬉《うれ》しかったよ
先生《せんせい》と握手《あくしゅ》して多《おお》くの方《かた》が感激《かんげき》の涙《なみだ》を流《なが》してましたね
同《おな》じ年《とし》の秋《あき》ワシントン軍縮会議《ぐんしゅくかいぎ》が開《ひら》かれることになった
88歳《さい》のご高齢《こうれい》での長旅《ながたび》は心配《しんぱい》です
先生《せんせい》にもしものことがあったら…
おやめ下《くだ》さい
アハハ
天国《てんごく》は日本《にほん》からもアメリカからも同《おな》じ距離《きょり》ですよ

もしもの時《とき》は
アメリカの土《つち》に
埋《う》めておくれ
フフ…
では、私《わたし》が
同行《どうこう》いたします
守屋東《もりやあずま》
守屋東《もりやあずま》が同行《どうこう》し、横浜《よこはま》から
120日間《にちかん》の旅《たび》に出発《しゅっぱつ》した
ホワイトハウスで
ハーディング大統領《だいとうりょう》に面会《めんかい》した
平和《へいわ》を祈《いの》る
日本婦人《にほんふじん》の心《こころ》を
伝《つた》えるための
1万人《まんにん》の署名《しょめい》です
確《たし》かに受《う》け取《と》り
ました
世界平和《せかいへいわ》のため
あなたのために
お祈《いの》りします
新聞《しんぶん》は楫子《かじこ》の記事《きじ》を
大《おお》きく報道《ほうどう》した
「平和《へいわ》の祈《いの》り」はアメリカ中《じゅう》に
広《ひろ》がり、世界《せかい》で最《もっと》も有名《ゆうめい》な
日本女性《にほんじょせい》となった

帰国後《きこくご》、過労《かろう》のため倒《たお》れ
生死《せいし》の境《さかい》をさ迷《まよ》ったが
160日後《にちご》に回復《かいふく》した
奇跡《きせき》が起《お》きました
先生《せんせい》の生命力《せいめいりょく》はすばらしい
生《い》き返《かえ》りましたね
まだしなければならないことがあるのでしょう
大正《たいしょう》12年《ねん》（1923）9月《がつ》
関東大震災《かんとうだいしんさい》が起《お》こり
矯風会事務所《きょうふうかいじむしょ》は
全焼《ぜんしょう》し、新宿《しんじゅく》・
大久保《おおくぼ》へ移転《いてん》した
先生《せんせい》の無事《ぶじ》を心配《しんぱい》する
問《と》い合《あ》わせが世界中《せかいじゅう》から
寄《よ》せられています
ジリリリ
ジリリリ
ハイ
モシモシ
ありがたいことです
矢嶋《やじま》はもう少《すこ》し
頑張《がんば》ると
伝《つた》えてください
ギャーッ
被災《ひさい》した乳幼児《にゅうようじ》に毎日《まいにち》
練乳《れんにゅう》を配布《はいふ》したり
負傷《ふしょう》した人々《ひとびと》の看護《かんご》など
矯風会《きょうふうかい》は働《はたら》いた

コラム

楫子《かじこ》の願《ねが》いを受《う》け継《つ》いだ 日本《にほん》キリスト教婦人矯風会《きょうふじんきょうふうかい》のはたらき

矯風会《きょうふうかい》は明治《めいじ》19年《ねん》（1886）に始《はじ》まりました。子《こ》どもの人権《じんけん》を守《まも》り、女《じょ》性《せい》の地位向上《ちいこうじょう》を目指《めざ》し、禁酒運動《きんしゅうんどう》、一夫一婦制《いっぷいっぷせい》、廃娼運動《はいしょううんどう》、女性《じょせい》も政治《せいじ》に参加《さんか》できるように婦人参《ふじんさん》政権運動《せいけんうんどう》などを展開《てんかい》しました。

さらに社会問題《しゃかいもんだい》にも目《め》を向《む》け活動《かつどう》しました。「足尾鉱毒事件《あしおこうどくじけん》」では婦《ふ》人救済会《じんきゅうさいかい》をつくり、苦《くる》しむ住民《じゅうみん》を支援《しえん》しました。戦地《せんち》の兵隊《へいたい》さんを慰《なぐさ》め励《はげ》ますために、「慰問袋《いもんぶくろ》」を送《おく》る運動《うんどう》を呼《よ》びかけました。

明治《めいじ》31年《ねん》（1898）に民法《みんぽう》で一夫多妻《いっぷたさい》の禁《きん》止《し》、大正《たいしょう》11年《ねん》（1922）には未成年者飲酒禁止法《みせいねんしゃいんしゅきんしほう》が制定《せいてい》、酒《さけ》は二十歳《はたち》からとなりました。

昭和《しょうわ》20年《ねん》（1945）に女性《じょせい》の国政参政権《こくせいさんせいけん》、翌《よく》年《とし》地方参政権《ちほうさんせいけん》が認《みと》められました。

昭和《しょうわ》31年《ねん》（1956）、売春防止法《ばいしゅんぼうしほう》が定《さだ》められ、矯風会《きょうふうかい》が取《と》り組《く》んできた子《こ》どもや女性《じょせい》の人権《じんけん》を守《まも》る運動《うんどう》が実《み》を結《むす》びました。

第6章 矢嶋源助直方《やじまげんすけなおかた》と他の姉妹たち

矢嶋源助直方《やじまげんすけなおかた》

文政《ぶんせい》5年《ねん》（1822） 矢嶋直明《やじまなおあき》・鶴《つる》
子の長男《ちょうなん》として杉堂《すぎどう》に生《う》まれました
身長《しんちょう》5尺《しゃく》6寸《すん》（約《やく》170センチ）
風采堂々《ふうさいどうどう》として 統率力《とうそつりょく》がありました
才能豊《さいのうゆた》かで理想《りそう》に向《む》かって突《つ》き進《すす》む
実行力《じっこうりょく》の持《も》ち主《ぬし》でした
7人《にん》の姉妹《しまい》たちの理解者《りかいしゃ》であり
先導者《せんどうしゃ》でもありました

若《わか》いころから
横井小楠《よこいしょうなん》を師《し》として尊敬《そんけい》し
「実学《じつがく》」の教《おし》えを実践《じっせん》しました
惣庄屋《そうじょうや》の父《ちち》の
片腕《かたうで》として
十代《じゅうだい》の頃《ころ》から
村々《むらむら》の開発《かいはつ》に力《ちから》を
発揮《はっき》しました

明治《めいじ》2年《ねん》（1869）に
中央政府《ちゅうおうせいふ》の土木《どぼく》の大丞《たいじょう》となり
東京《とうきょう》で官吏《かんり》として働《はたら》きました
後《のち》に左院議官《さいんぎかん》になります
最後《さいご》は福岡大参事《ふくおかだいさんじ》になりました
明治《めいじ》9年《ねん》（1876）に辞職《じしょく》して
故郷《こきょう》に帰《かえ》り
熊本県第《くまもとけんだい》1回県会議員《かいけんかいぎいん》に選《えら》ばれました
政治《せいじ》を辞《や》めた後《あと》は

故郷の人々の生活を
豊《ゆた》かにするために
道路《どうろ》を拓《ひら》き
水道《すいどう》を引《ひ》き
新《あたら》しい集落《しゅうらく》を
作《つく》ったりしました

村《むら》の若者数名《わかものすうめい》を宇治《うじ》に遊学《ゆうがく》させ
製茶《せいちゃ》の技術《ぎじゅつ》を学《まな》ばせて
製茶業《せいちゃぎょう》を興《おこ》しました
桑《くわ》を植《う》えて
養蚕業《ようさんぎょう》も
盛《さか》んにしました
自宅《じたく》の庭《にわ》に風呂《ふろ》を作《つく》り
村人《むらびと》が野良仕事《のらしごと》の帰《かえ》りに
風呂《ふろ》に入《はい》り
疲《つか》れをいやせるように
しました

未来《みらい》のために
教育《きょういく》にも
熱心《ねっしん》でした
杉堂《すきどう》の自宅《じたく》に学校《がっこう》を作《つく》り
村《むら》の子供《こども》たちを男女《だんじょ》の別《べつ》なく
学《まな》ばせています
「女《おんな》に教育《きょういく》はいらない」
と　言《い》われた時代《じだい》に
女子教育《じょしきょういく》にも心《こころ》を注《そそ》ぎました
明治《めいじ》18年《ねん》（1885）7月《がつ》28日
63歳《さい》で亡《な》くなりました　中風《ちゅうぶ》でした
すべての財産《ざいさん》を村《むら》の発展《はってん》のために
使《つか》い果《は》たし
最期《さいご》まで
小楠《しょうなん》の教《おし》えを守《まも》り抜《ぬ》いた人生《じんせい》でした
杉堂村《すきどうむら》の入口《いりぐち》にある高台《たかだい》
「城《じょう》が峰《みね》」の墓地《ぼち》には
「矢嶋直方先生之墓《やじまなおかたせんせいのはか》」と刻《きざ》まれた
約《やく》3メートルの自然石《しぜんせき》の碑《ひ》が
建《た》てられました

三村《みむら》にほ子《こ》

文政《ぶんせい》3年《ねん》(1820) 矢嶋直明《やじまなおあき》・鶴《つる》子《こ》の双子《ふたご》の長女《ちょうじょ》として
杉堂《すきどう》に生《う》まれました
生《う》まれるとすぐ母鶴子《ははつるこ》の実家《じっか》
三村家《みむらけ》の養女《ようじょ》となります
すきとおるように色白《いろじろ》で
小柄《こがら》でほっそりとした
物静《ものしず》かな女性《じょせい》でした
豪放《ごうほう》な弟《おとうと》と
個性的《こせいてき》な6人《にん》の妹《いもうと》たちの上《うえ》で
母亡《ははな》き後《あと》の母《はは》として
ときには意見《いけん》し
ときには手紙《てがみ》で忠告《ちゅうこく》し
矢嶋家《やじまけ》の長女《ちょうじょ》としての役割《やくわり》を
果《は》たしつつ
信頼《しんらい》されていました
いとこの三村伝之助《みむらでんのすけ》(伝《でん》)と結婚《けっこん》し
惣庄屋の妻として家を守りました
明治《めいじ》2年《ねん》(1869)
本山《もとやま》に大邸宅《だいていたく》を新築《しんちく》し
兄弟姉妹《きょうだいしまい》のより所《どころ》となります
甥《おい》や姪《めい》たちの多《おお》くはこの家《いえ》に預《あず》けられ
躾《しつけ》を受《う》けて成長《せいちょう》したと
語《かた》り継《つ》がれています
徳富《とくとみ》の3女光子《じょみつこ》は長《なが》い期間《きかん》
源助《げんすけ》の次男二蔵《じなんにぞう》は
ここから小学校《しょうがっこう》に通《かよ》い
その後《ご》もこの家《いえ》にいました
勝子《かつこ》の長女《ちょうじょ》なも子《こ》は
この家《いえ》から嫁《とつ》ぎました
勝子《かつこ》は達子《たつこ》を連《つ》れて1年間滞在《ねんかんたいざい》
明治《めいじ》3年《ねん》(1870) 夫《おっと》の伝《でん》は
藩政府《はんせいふ》の官吏《かんり》となります
明治《めいじ》27年《ねん》(1894)
74歳《さい》で亡《な》くなりました
人《ひと》びとに安《やす》らぎを与《あた》え続《つづ》けた
幸《しあわ》せな人生《じんせい》でした

藤島《ふじしま》もと子《こ》

文政《ぶんせい》3年《ねん》(1820) 矢嶋直明《やじまなおあき》・鶴《つる》子《こ》の双子《ふたご》の次女《じじょ》として
杉堂《すきどう》に生《う》まれました
色浅黒《いろあさぐろ》く 豪快《ごうかい》な性格《せいかく》でした
家老有吉家《かろうありよしけ》の家来《けらい》
齊藤家《さいとうけ》に嫁《とつ》ぎましたが
3年《ねん》して夫《おっと》が亡《な》くなりました
その後《ご》 高田原《こうだばる》の士族藤島又八《しぞくふじしままたはち》と
再婚《さいこん》し
5人《にん》の息子《むすこ》に恵《めぐ》まれました
夫《おっと》が早《はや》くに亡《な》くなり
本山《もとやま》で息子《むすこ》たちを育《そだ》てました
明治《めいじ》7年《ねん》(1874)
長男正健《ちょうなんまさたけ》が大蔵省《おおくらしょう》の官吏《かんり》となり
東京《とうきょう》に移《うつ》り住《す》みます
猿楽町《さるがくちょう》の兄源助《あにげんすけ》の豪邸《ごうてい》を
譲《ゆず》り受《う》けました

「彦左衛門《ひこざえもん》」とか
「女源助《おんなげんすけ》」などと言《い》われ
「今《いま》の世《よ》なら
一国一県《いっこくいっけん》の頭《かしら》になったろう」
とも評《ひょう》されるほどの
活発《かっぱつ》な女性《じょせい》でした
あらゆる物《もの》を人《ひと》に施《ほどこ》すことを
楽《たの》しんでいました
息子《むすこ》正健《まさたけ》は　富山県知事《とやまけんちじ》
リヨン大使《たいし》　勧業銀行副総裁《かんぎょうぎんこうふくそうさい》など
歴任《れきにん》しています
正健《まさたけ》の一人娘雪子《ひとりむすめゆきこ》は
日本《にほん》の歌道会《かどうかい》を代表《だいひょう》する
歌人佐佐木信綱夫人《かじんささきのぶつなふじん》となりました
孫娘雪子《まごむすめゆきこ》は
もと子《こ》の唯一《ゆいいつ》の理解者《りかいしゃ》でした
明治《めいじ》15年《ねん》（1882）
62歳《さい》で亡《な》くなりました
家《いえ》に集《あつ》まる若者《わかもの》たちに
頼《たよ》りにされた生涯《しょうがい》でした

河瀬貞子《かわせさだこ》

天保《てんぽう》9年《ねん》（1838）矢嶋直明《やじまなおあき》・鶴《つる》
子《こ》の7女《じょ》として
宮園《みやぞの》で生《う》まれました
末娘《すえむすめ》で姉《あね》たちより
甘《あま》く育《そだ》てられたそうです
目美人《めびじん》と言《い》われ
大《おお》きな黒《くろ》い美《うつく》しい目《め》をしていました
家庭婦人《かていふじん》としての
すべての業《わざ》を身《み》に付《つ》け
特《とく》に料理《りょうり》と手習《てなら》いに
優《すぐ》れていました
惣庄屋《そうじょうや》の河瀬家《かわせけ》に嫁《とつ》ぎ
主婦《しゅふ》として家庭《かてい》を守《まも》りました
夫典次《おっとのりつぐ》は
横井小楠《よこいしょうなん》の弟子《でし》として有能《ゆうのう》で
小楠《しょうなん》が福井《ふくい》や江戸《えど》に呼《よ》ばれたときも
世話役《せわやく》として同行《どうこう》しています

明治《めいじ》になって官吏《かんり》として働《はたら》きます
その後《ご》　実業家《じつぎょうか》として
養蚕業《ようさんぎょう》　織物業《おりものぎょう》　製茶業《せいちゃぎょう》を興《おこ》します
明治《めいじ》36年《ねん》（1903）
県知事《けんちじ》から表彰《ひょうしょう》されています
妻《つま》は世《よ》の中《なか》のために働《はたら》く夫《おっと》を
支《ささ》え続《つづ》けました
夫婦《ふうふ》は子《こ》どもに恵《めぐ》まれませんでした
梶子《かじこ》の次女達子《じじょたつこ》を
5歳《さい》から12歳《さい》まで
わが子《こ》のように育《そだ》てました
兄源助《あにげんすけ》の息子三平《むすこさんぺい》を養子《ようし》にし
河瀬家《かわせけ》の親戚《しんせき》から
嫁《よめ》をむかえました
大正《たいしょう》7年《ねん》（1918）
三平夫婦《さんぺいふうふ》のいる満州《まんしゅう》へ移《うつ》り住《す》みます
大正《たいしょう》11年《ねん》（1922）
満州《まんしゅう》で亡《な》くなりました
静《しず》かに家《いえ》を守《まも》り続《つづ》けた
84年《ねん》の生涯《しょうがい》でした

資《し》料《りょう》

益城町《ましきまち》のすがた

人口《じんこう》と世帯数《せたいすう》

産業別人口《さんぎょうべつじんこう》

平均気温《へいきんきおん》・降水量《こうすいりょう》

益城町《ましきまち》の文化財《ぶんかざい》

矢嶋家《やじまけ》関係地図《かんけいちず》

家系図《かけいず》（竹崎家《たけざきけ》・木下家《きのしたけ》、横井家《よこいけ》、徳富家《とくとみけ》、矢嶋家《やじまけ》）

矢嶋家《やじまけ》関係年表《かんけいねんぴょう》

益城町《ましきまち》のすがた

益城町《ましきまち》は、熊本県《くまもとけん》のほぼ中央部《ちゅうおうぶ》に位置《いち》し、県庁所在地《けんちょうしょざいち》・熊本市《くまもとし》の東隣《ひがしどな》りに接《せっ》しています。町役場《まちやくば》から、「熊本県庁《くまもとけんちょう》」まで８・５km、空《そら》の玄関口《げんかんぐち》「阿蘇《あそ》くまもと空港《くうこう》」まで７・５km、陸《りく》の玄関口《げんかんぐち》「益城《ましき》・熊本空港《くまもとくうこう》ＩＣ」まで６kmの至近距離《しきんきょり》にあり、町《まち》は熊本市《くまもとし》・菊陽町《きくようまち》・西原村《にしはらむら》・御船町《みふねまち》・嘉島町《かしままち》に隣接《りんせつ》し、東部《とうぶ》から南部《なんぶ》にかけては九州山脈系《きゅうしゅうさんみゃくけい》に属《ぞく》する山地《さんち》で、海抜《かいばつ》４８０ｍの城山《じょうやま》をはじめ、朝来山《あさこやま》、船野山《ふなのやま》、飯田山《いいださん》の４峰《みね》が連《つら》なり、北部一帯《ほくぶいったい》は畑地《はたち》を中心《ちゅうしん》とした益城台地《ましきだいち》、中央部《ちゅうおうぶ》は水田地帯《すいでんちたい》が広《ひろ》がり熊本平野《くまもとへいや》の一環《いっかん》を形成《けいせい》しています。

本町《ほんちょう》は、古《ふる》くから農業《のうぎょう》を基幹産業《きかんさんぎょう》として発展《はってん》してきましたが、立地条件《りっちじょうけん》の優位性《ゆういせい》などから、熊本《くまもと》テクノポリスの中核的拠点《ちゅうかくてききょてん》となる熊本《くまもと》テクノリサーチパークが建設《けんせつ》され、その他県内外《ほかけんないがい》からの企業誘致《きぎょうゆうち》で町《まち》の産業構造《さんぎょうこうぞう》は飛躍的《ひやくてき》に変化《へんか》しました。それに伴《ともな》い町人口《まちじんこう》も増加《ぞうか》し、現在《げんざい》は「人集《ひとつど》う　未来息《みらいいき》づく　夢《ゆめ》タウン」のキャッチフレーズのもと、「調和《ちょうわ》と交流《こうりゅう》による人《ひと》づくり、まちづくり」を基本理念《きほんりねん》に大《おお》きく飛躍《ひやく》しています。

平成《へいせい》28年《ねん》4月《がつ》14日《か》と16日《にち》に発生《はっせい》した「平成《へいせい》28年熊本地震《ねんくまもとじしん》」では、益城町《ましきまち》は観測史上初《かんそくしじょうはつ》となる2度《ど》の震度《しんど》7を経験《けいけん》するという未曽有《みぞう》の被害《ひがい》を受《う》けました。死者数《ししゃすう》41名《めい》（関連死《かんれんし》含《ふく》む）、重傷者《じゅうしょうしゃ》１３４名《めい》の人的被害《じんてきひがい》のほか、住宅全壊《じゅうたくぜんかい》３、０２６棟《むね》、大規模半壊《だいきぼはんかい》・半壊《はんかい》３、２３３棟《むね》、一部損壊《いちぶそんかい》４、３２５棟《むね》（いずれも平成《へいせい》30年《ねん》1月《がつ》12日《にち》現在《げんざい》）と、被害《ひがい》は想像《そうぞう》を超《こ》えるものでした。

益城町《ましきまち》では、平成《へいせい》28年《ねん》12月《がつ》に『益城町復興計画《ましきまちふっこうけいかく》』を策定《さくてい》。「住《す》み続《つづ》けたいまち、次世代《じせだい》に継承《けいしょう》したいまち」を目指《めざ》して、国《くに》や県《けん》をはじめ、国内外《こくないがい》からのさまざまな支援《しえん》・応援《おうえん》を受《う》け、復旧《ふっきゅう》・復興《ふっこう》に向《む》け全力《ぜんりょく》で取《と》り組《く》んでいます。

人口《じんこう》と世帯数《せたいすう》

(単位《たんい》：世帯《せたい》・人《にん》)

	世帯数《せたいすう》	人口《じんこう》		
		総数《そうすう》	男《おとこ》	女《おんな》
令和元年《れいわがんねん》5月末日《がつまつじつ》	13,259	32,929	15,883	17,046

資料《しりょう》：「熊本県《くまもとけん》の人口《じんこう》」(熊本県統計調査課《くまもとけんとうけいちょうさか》)、国勢調査《こくせいちょうさ》

産業別人口《さんぎょうべつじんこう》

資料《しりょう》：国勢調査《こくせいちょうさ》(単位《たんい》：人《にん》)

	平成《へいせい》27年度《ねんど》		
	計《けい》	男《おとこ》	女《おんな》
第一次産業《だいいちじさんぎょう》	1,354	775	579
農業《のうぎょう》	1,343	768	575
林業《りんぎょう》・狩猟業《しゅりょうぎょう》	9	5	4
漁業《ぎょぎょう》・水産養殖業《すいさんようしょくぎょう》	2	2	0
第二次産業《だいにじさんぎょう》	3,491	2,554	937
鉱業《こうぎょう》	1	1	0
建設業《けんせつぎょう》	1,669	1,391	278
製造業《せいぞうぎょう》	1,821	1,162	659
第三次産業《だいさんじさんぎょう》	10,807	5,195	5,612

	平成《へいせい》27年度《ねんど》		
	計《けい》	男《おとこ》	女《おんな》
卸売業《おろしうりぎょう》・小売業《こうりぎょう》	2,618	1,228	1,390
金融《きんゆう》・保険業《ほけんぎょう》	269	121	148
不動産業《ふどうさんぎょう》	251	140	111
運輸《うんゆ》・通信業《つうしんぎょう》	962	768	194
電気《でんき》・ガス・水道熱供給業《すいどうねつきょうきゅうぎょう》	57	48	9
サービス業《ぎょう》	5,736	2,171	3,565
公務《こうむ》（他《ほか》に分類《ぶんるい》されない）	914	719	195
分類不能《ぶんるいふのう》の産業《さんぎょう》	97	51	46
合計《ごうけい》	15,749	8,575	7,174

平均気温《へいきんきおん》・降水量《こうすいりょう》

年《ねん》	区分《くぶん》	1月	2月	3月	4月	5月	6月	7月	8月	9月	10月	11月	12月
平成《へいせい》29年《ねん》	気温《きおん》（℃）	5.3	5.8	8.6	15.5	19.5	22.0	27.3	27.6	22.6	18.8	11.4	4.5
	降水量《こうすいりょう》(mm)	39.0	94.5	75.0	216.0	158.5	198.0	455.0	180.0	216.0	168.0	63.0	19.5

平成《へいせい》27年撮影《ねんさつえい》

益城町《ましきまち》の文化財《ぶんかざい》

平成31年３月31日現在

国指定文化財《くにしていぶんかざい》

区分《くぶん》	名称《めいしょう》	内容《ないよう》	指定日《していび》
天然記念物《てんねんきねんぶつ》	布田川断層帯《ふたがわだんそうたい》 （杉堂地区《すきどうちく》・堂園地区《どうぞのちく》・谷川地区《たにごうちく》）	３か所《しょ》でみられる多様《たよう》な断層運動《だんそううんどう》の痕跡《こんせき》は、我《わ》が国《くに》においても学術上《がくじゅつじょう》価値《かち》が高《たか》く、災害遺構《さいがいいこう》としても大変貴重《たいへんきちょう》である。	平成30年２月13日

熊本県指定文化財《くまもとけんしていぶんかざい》

区分《くぶん》	名称《めいしょう》	内容《ないよう》	指定日《していび》
無形民俗文化財《むけいみんぞくぶんかざい》	津森神宮《つもりじんぐう》お法使祭《ほしまつり》	津森神宮《つもりじんぐう》の祭事《さいじ》で毎年《まいとし》10月30日に行《おこな》われる。益城町《ましきまち》・西原村《にしはらむら》・菊陽町《きくようまち》にまたがり、ご神体《しんたい》を１年間祀《ねんかんまつ》り12年《ねん》で一巡《いちじゅん》する神輿《みこし》を受《う》け渡《わた》しの途中《とちゅう》で道《みち》や田畑《たはた》に投《な》げ落《お》とす荒神輿《あらみこし》で珍《めずら》しい祭《まつ》り。	平成30年３月27日

益城町指定文化財《ましきまちしていぶんかざい》

No.	名称《めいしょう》	内容《ないよう》	指定日《していび》
1	加藤清正禁令《かとうきよまさきんれい》（禁制《きんせい》）	慶長《けいちょう》５年９月21日　絵本《えほん》・絹表装《きぬひょうそう》　加藤清正黒印《かとうきよまさこくいん》	昭和62年４月10日
2	加藤清正知行宛行状《かとうきよまさちぎょうあてがいじょう》	慶長《けいちょう》６年11月17日　絵本《えほん》・絹表装《きぬひょうそう》　加藤清正花押《かとうきよまさかおう》	昭和62年４月10日
3	細川忠利触書《ほそかわただとしふれがき》	寛永《かんえい》６年12月９日　絵本《えほん》・絹表装《きぬひょうそう》	昭和62年４月10日
4	城《しろ》の本古墳出土品《もとこふんしゅつどひん》	古墳時代中期《こふんじだいちゅうき》　滑石製勾玉《かっせきせいまがたま》12点《てん》・硬玉製勾玉《こうぎょくせいまがたま》１点《てん》・碧玉製管玉《へきぎょくせいくだたま》５点《てん》・内行花紋鏡《ないこうかもんきょう》１面《めん》	昭和62年４月10日
5	内寺薬師三尊《うちでらやくしさんぞん》	南北朝《なんぼくちょう》～室町初期《むろまちしょき》　木造仏像《もくぞうぶつぞう》３体《たい》（薬師如来像《やくしにょらいぞう》・日光像《にっこうぞう》・月光像《がっこうぞう》）	昭和62年４月10日
6	木山氏系図《きやましけいず》	絵本《えほん》・絹表装《きぬひょうそう》	平成５年２月25日
	覚《おぼえ》・木山氏略系図《きやましりゃくけいず》	絵本《えほん》・絹表装《きぬひょうそう》	
	連歌《れんが》（元和元年《げんながんねん》11月28日）	絵本《えほん》・絹表装《きぬひょうそう》	
	連歌屋記事《れんがやきじ》	絵本《えほん》・絹表装《きぬひょうそう》	
7	城《しろ》の本《もと》２号墳出土品《ごうふんしゅつどひん》	古墳時代中期《こふんじだいちゅうき》　水晶製勾玉《すいしょうせいまがたま》２点《てん》・碧玉製管玉《へきぎょくせいくだたま》17点《てん》	平成18年９月15日
8	飯田山常楽寺十一面千手観音立像及《いいださんじょうらくじじゅういちめんせんじゅかんのんりゅうぞうおよ》び神仏像《しんぶつぞう》	木造千手観音立像《もくぞうせんじゅかんのんりゅうぞう》１躯《く》・木造薬師如来坐像《もくぞうやくしにょらいざぞう》１躯《く》・木造大黒天立像《もくぞうだいこくてんりゅうぞう》１躯《く》・木造歓喜天立像《もくぞうかんきてんりゅうぞう》１躯《く》・木造日羅坐像《もくぞうにちらざぞう》１躯《く》・木造僧形坐像《もくぞうそうぎょうざぞう》１躯《く》・木《もく》造男神坐像《ぞうだんしんざぞう》１躯《く》・木造男神坐像《もくぞうだんしんざぞう》１躯《く》・木造女神坐像《もくぞうめがみざぞう》１躯《く》・木造男神坐《もくぞうだんしんざ》像《ぞう》１躯《く》・木造男神坐像《もくぞうだんしんざぞう》１躯《く》・木造男神坐像《もくぞうだんしんざぞう》１躯《く》・木造僧形坐像《もくぞうそうぎょうざぞう》１躯《く》・木造男神坐像《もくぞうだんしんざぞう》１躯《く》・木造僧形坐像《もくぞうそうぎょうざぞう》１躯《く》	平成20年３月４日
9	風雲山重福寺《ふううんざんちょうふくじ》の阿弥陀石仏《あみだせきぶつ》	宝治《ほうじ》２年　安山岩製阿弥陀如来坐像《あんざんがんせいあみだにょらいざぞう》１躯《く》	平成27年５月11日
10	飯田山常楽寺《いいださんじょうらくじ》の層塔《そうとう》	鎌倉時代《かまくらじだい》　花崗岩製九重層塔《かこうがんせいくじゅうそうとう》１対《つい》（２基《き》）	平成27年５月11日
11	尾峰山福田寺《びほうざんふくでんじ》の永仁五年五輪塔《えいにんごねんごりんとう》	永仁《えいにん》５年　凝灰岩製五輪塔《ぎょうかいがんせいごりんとう》（火輪《かりん》と水輪《すいりん》の間《あいだ》に宝塔《ほうとう》）	平成27年５月11日
12	鬼《おに》の窟古墳《いわやこふん》	古墳時代後期石室《こふんじだいこうきせきしつ》１基《き》	平成27年５月11日
13	古津森宮《ふるつもりぐう》の影向石《ようごうせき》「碑伝《ひで》」	凝灰岩製切石《ぎょうかいがんせいきりいし》１基《き》	平成27年５月11日
14	二尊寺跡《にぞんじあと》の仏像群《ぶつぞうぐん》	室町時代末期《むろまちじだいまっき》　木造如来型坐像《もくぞうにょらいがたざぞう》１躯《く》・木造如来型坐像《もくぞうにょらいがたざぞう》、南北朝時代《なんぼくちょうじだい》木造地蔵菩薩坐像外《もくぞうじぞうぼさつざぞうほか》３躯《く》	平成27年５月11日
15	福原阿弥陀堂《ふくはらあみだどう》の木造阿弥陀如来坐像《もくぞうあみだにょらいざぞう》	木造阿弥陀如来坐像《もくぞうあみだにょらいざぞう》１躯《く》	平成27年５月11日
16	龍池山千光寺《りゅうちざんせんこうじ》の木造千手観音菩薩立像《もくぞうせんじゅかんのんぼさつりゅうぞう》	像高《ぞうこう》272.2cmの木造千手観音菩薩立像《もくぞうせんじゅかんのんぼさつりゅうぞう》	平成28年３月７日
17	木山神宮境内《きやまじんぐうけいだい》	木山地内《きやまちない》に鎮座《ちんざ》する神社境内地《じんじゃけいだいち》	平成29年10月17日
18	群玉山皆乗寺本堂《ぐんぎょくざんかいじょうじほんどう》・山門《さんもん》	江戸後期《えどこうき》に建造《けんぞう》された本堂及《ほんどうおよ》び山門《さんもん》	平成30年１月10日
19	浄信寺山門《じょうしんてらさんもん》	山門《さんもん》	平成30年４月16日
20	赤井城跡《あかいじょうあと》	城跡《しろあと》	平成30年10月17日
21	福田寺《ふくでんじ》の五輪塔《ごりんとう》（虎《とら》ヶ塔《とう》）	阿蘇溶結凝灰岩製《あそようけつぎょうかいがんせい》。文永《ぶんえい》８年《ねん》（1271）銘《めい》。	平成31年２月12日

矢嶋家関係地図《やじまけかんけいちず》

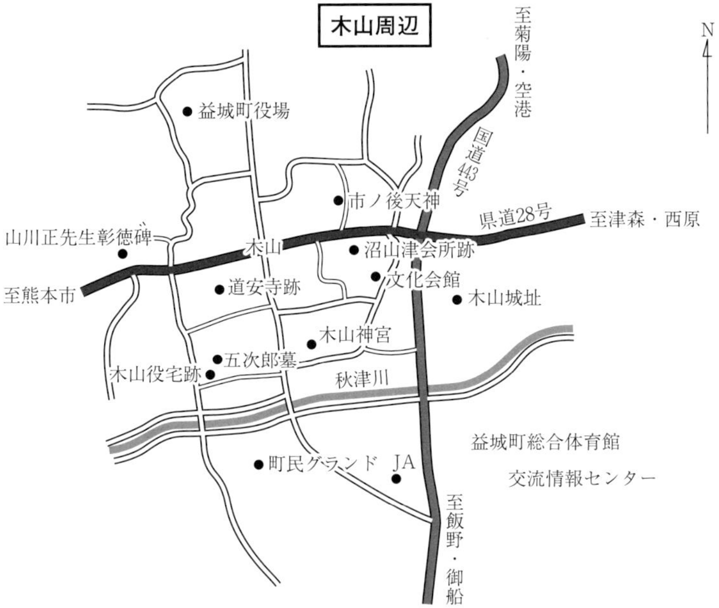

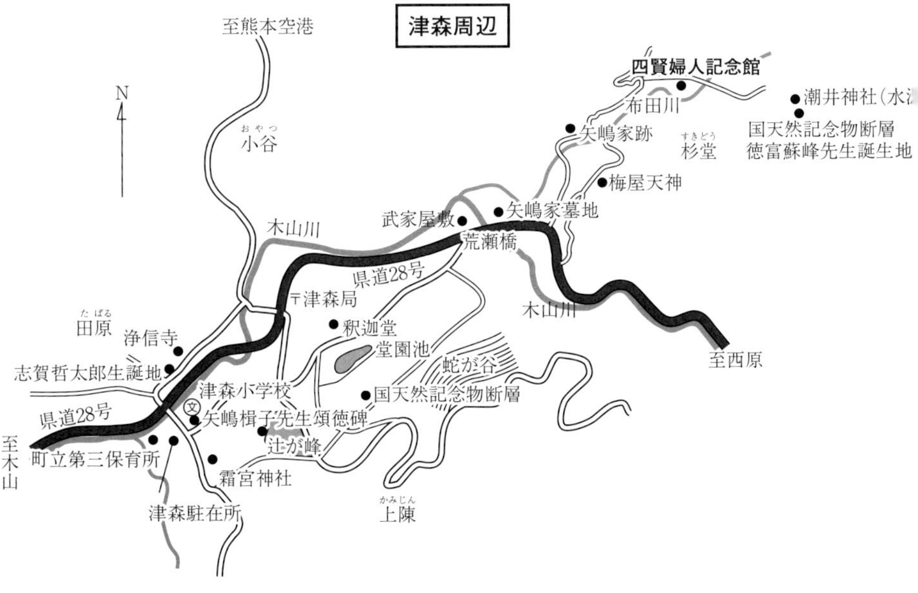

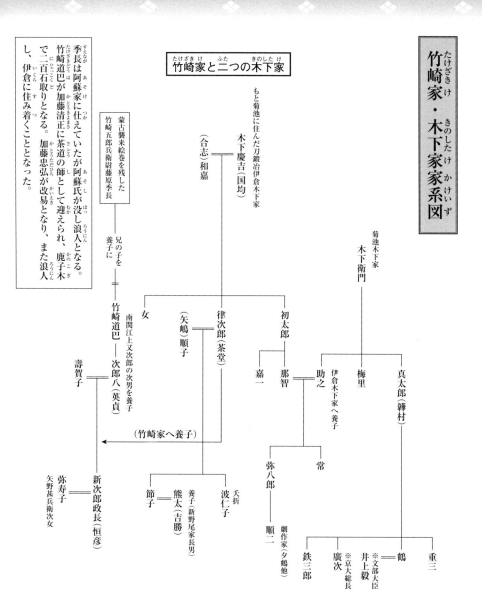

竹崎家《たけざきけ》・木下家《きのしたけ》家系図《かけいず》

竹崎家《たけざきけ》と二《ふた》つの木下家《きのしたけ》

菊池木下家
木下衛門
真太郎（韓村）
梅里
助之
伊倉木下家へ養子
重三
鶴 ＝ ※文部大臣 井上毅
※京大総長 廣次
鉄三郎
常
那智
弥八郎
順二
劇作家（夕鶴他）

もと菊池に住んだ刀鍛冶伊倉木下家
木下慶吉（国均）＝（合志）和嘉
初太郎
嘉一
律次郎（茶堂）＝（矢嶋）順子
女
波仁子
夭折
熊太（吉勝）
養子（新野尾家長男）
節子

蒙古襲来絵巻を残した
竹崎五郎兵衛尉藤原季長
兄の子を養子に
竹崎道巴
南関江上又次郎の次男を養子
次郎八（英貞）＝壽賀子
（竹崎家へ養子）
新次郎政長（恒彦）＝弥寿子
矢野甚兵衛次女

季長《すえなが》は阿蘇家《あそけ》に仕《つか》えていたが阿蘇氏《あそし》が没《ぼっ》し浪人《ろうにん》となる。竹崎道巴《たけざきどうは》が加藤清正《かとうきよまさ》に茶道《さどう》の師《し》として迎《むか》えられ、鹿子木《かのこぎ》で二百石取《にひゃっこくど》りとなる。加藤忠弘《かとうただひろ》が改易《かいえき》となり、また浪人《ろうにん》し、伊倉《いくら》に住《す》み着《つ》くこととなった。

横《よこ》井《い》家《け》家《か》系《けい》図《ず》

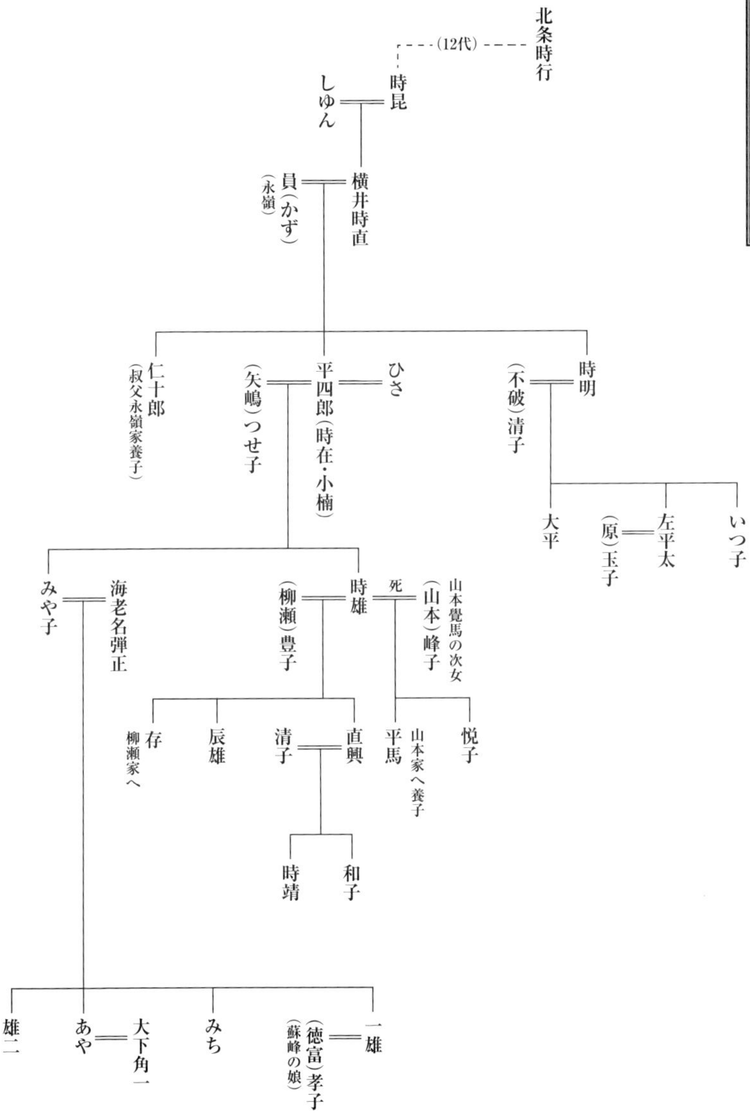

徳富家家系図《とくとみけかけいず》

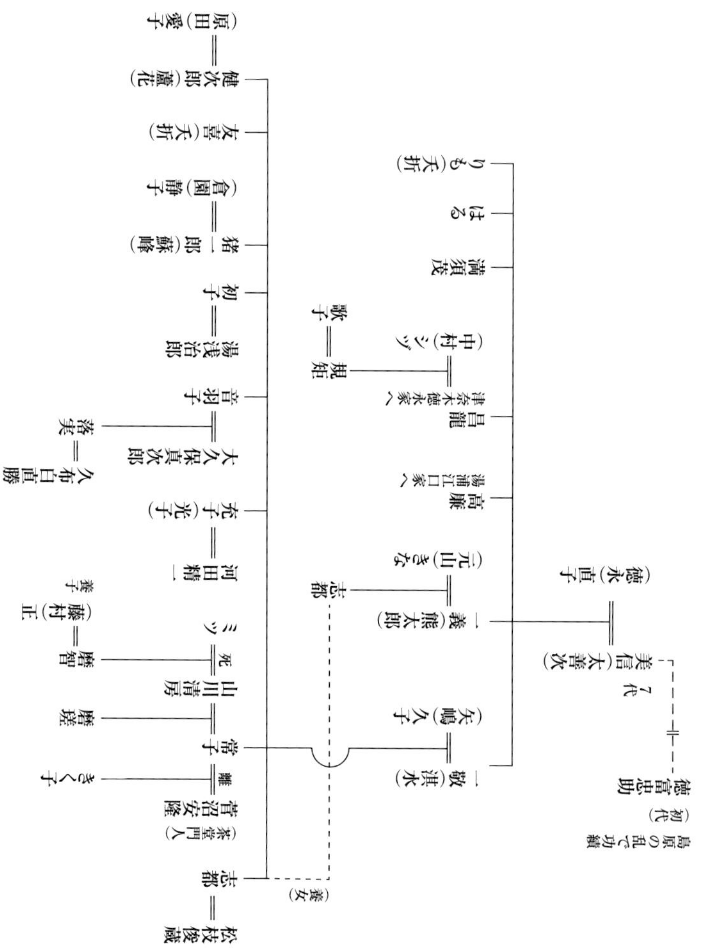

矢嶋家家系図《やじまけかけいず》

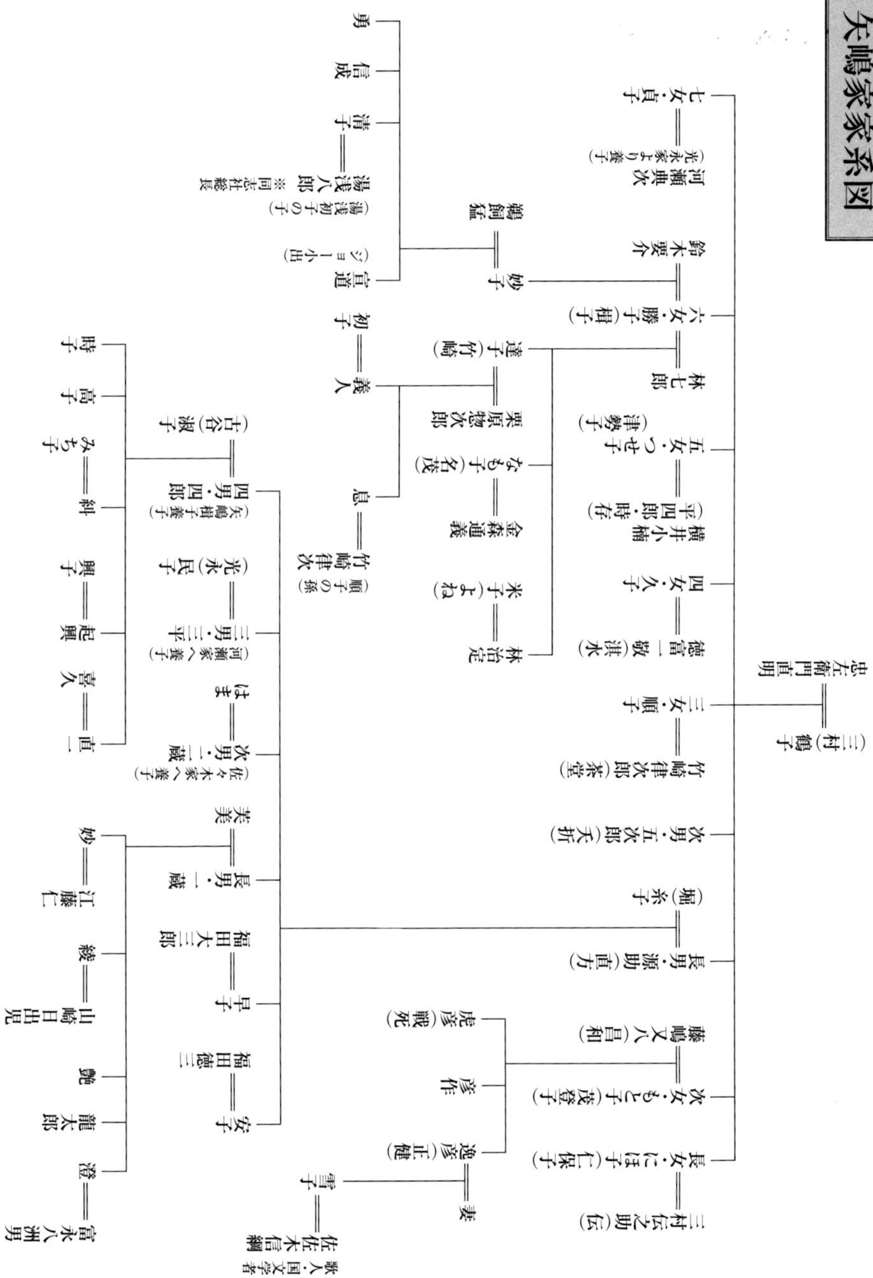

矢嶋《やじま》家《け》関係《かんけい》年表《ねんぴょう》

元号《げんごう》	西暦《せいれき》	矢嶋《やじま》家《け》関係《かんけい》のできごと	日本《にほん》や世界《せかい》のできごと
文化《ぶんか》元年	1804	矢嶋弥平治《やじまやへいじ》、荒瀬川《あらせがわ》に丹塗《にぬ》りの石橋《いしばし》を架《か》ける。その功績《こうせき》により「一領一疋《いちりょういっぴき》」となる	イギリスで蒸気機関車《じょうききかんしゃ》走《はし》る ナポレオン、フランス皇帝即位《こうていそくい》
文化6年	1809	横井小楠《よこいしょうなん》、熊本市内坪井町《くまもとしうちつぼいまち》で誕生《たんじょう》	
文政《ぶんせい》2年	1819	矢嶋忠左衛門直明《やじまちゅうざえもんなおあき》（26）と三村鶴子《みむらつるこ》（22）結婚《けっこん》	1808　間宮林蔵《まみやりんぞう》、樺太《からふと》を探検《たんけん》
文政3年	1820	長女《ちょうじょ》にほ子《こ》・次女《じじょ》もと子《こ》の双子姉妹誕生《ふたごしまいたんじょう》	1812　ナポレオン、ロシア遠征《えんせい》に失敗《しっぱい》
文政5年	1822	長男源助直方誕生《ちょうなんげんすけなおかたたんじょう》	1815　杉田玄白《すぎたげんぱく》『蘭学事始《らんがくことはじめ》』著《あらわ》す
文政7年	1824	次男五次郎誕生《じなんごじろうたんじょう》	
文政8年	1825	3女順子誕生《じょじゅんこたんじょう》	外国船打払令発布《がいこくせんうちはらいれいはっぷ》
文政9年	1826	忠左衛門《ちゅうざえもん》、唐物抜荷改方横目《からものぬけにあらためかたよこめ》となり、木山《きやま》の役宅《やくたく》へ転居《てんきょ》	
文政10年	1827	次男五次郎病死《じなんごじろうびょうし》	
文政12年	1829	4女久子誕生《じょひさこたんじょう》	
天保《てんぽう》2年	1831	5女《じょ》つせ子誕生《こたんじょう》	1830　フランス、七月革命《しちがつかくめい》で立憲君主制成立《りっけんくんしゅせいせいりつ》
天保4年	1833	6女勝子《じょかつこ》（楫子《かじこ》）誕生《たんじょう》	
天保9年	1838	7女貞子誕生《じょさだこたんじょう》。忠左衛門《ちゅうざえもん》、葦北郡湯浦手永《あしきたぐんゆのうらてなが》の惣庄屋見習《そうじょうやみなら》いとなり、湯浦《ゆのうら》の役宅《やくたく》へ転居《てんきょ》	

天保11年	1840	3女順子《じょじゅんこ》、伊倉《いくら》の竹崎律次郎《たけざきりつじろう》（茶堂《さどう》）へ嫁《とつ》ぐ。横井小楠《よこいしょうなん》が開《ひら》いた水道町《すいどうちょう》の塾《じゅく》に矢嶋源助《やじまげんすけ》と徳富一敬《とくとみかずたか》（淇水《きすい》）が入塾《にゅうじゅく》	アヘン戦争《せんそう》（～1842）
天保12年	1841	忠左衛門《ちゅうざえもん》、下益城郡中山手永《しもましきぐんなかやまてなが》の惣庄屋《そうじょうや》に栄転《えいてん》し、堅志田《かたしだ》の役宅《やくたく》へ転居《てんきょ》。「岩野用水《いわのようすい》」工事《こうじ》に着工《ちゃっこう》	
天保13年	1842	竹崎律次郎《たけざきりつじろう》、米相場《こめそうば》に手《て》を出《だ》し破産《はさん》	南京条約《なんきんじょうやく》締結《ていけつ》
弘化《こうか》元年	1844	律次郎《りつじろう》33歳《さい》、順子《じゅんこ》20歳《さい》、布田《ふた》での再出発《さいしゅっぱつ》	
弘化2年	1845	岩野用水《いわのようすい》が5年《ねん》をかけて完成《かんせい》。全長《ぜんちょう》4㎞、灌水面積《かんすいめんせき》16ha（16町《ちょう》）、米約《こめやく》800俵《ひょう》を新《あら》たに生《う》み出《だ》した	
嘉永《かえい》元年	1848	久子《ひさこ》、横井小楠《よこいしょうなん》の高弟《こうてい》、水俣《みなまた》の徳富一敬《とくとみかずたか》に嫁《とつ》ぐ	フランス、二月革命《にがつかくめい》で共和制成立《きょうわせいせいりつ》
嘉永6年	1853	娘《むすめ》たちの手厚《てあつ》い看護《かんご》を受《う》け、鶴子《つるこ》56歳《さい》で病死《びょうし》	アメリカのペリー、浦賀《うらが》に来航《らいこう》
嘉永7年	1854	長男源助《ちょうなんげんすけ》、堀糸子《ほりいとこ》と結婚《けっこん》	日米和親条約締結《にちべいわしんじょうやくていけつ》
安政《あんせい》2年	1855	忠左衛門《ちゅうざえもん》、在職中《ざいしょくちゅう》に62歳《さい》で病死《びょうし》。源助《げんすけ》は妻《つま》と妹《いもうと》たちを連《つ》れて杉堂《すきどう》の実家《じっか》へ転居《てんきょ》	
安政3年	1856	つせ子《こ》、25歳《さい》で横井小楠《よこいしょうなん》に嫁《とつ》ぎ沼山津《ぬやまづ》へ。翌年長男時雄誕生《よくねんちょうなんときおたんじょう》	
安政5年	1858	横井小楠《よこいしょうなん》、越前藩藩主松平春嶽《えちぜんはんはんしゅまつだいらしゅんがく》の招聘《しょうへい》を受《う》け福井《ふくい》へ。6女勝子《じょかつこ》、小楠《しょうなん》の弟子《でし》で小谷《おやつ》の武士《ぶし》・林七郎《はやししちろう》に嫁《とつ》ぐ	
安政6年	1859	貞子《さだこ》、横井小楠《よこいしょうなん》の弟子《でし》・河瀬典次《かわせのりつぎ》に嫁《とつ》ぎ松橋《まつばせ》へ	安政《あんせい》の大獄《たいごく》
万延《まんえん》元年	1860	竹崎律次郎《たけざきりつじろう》・順子夫婦《じゅんこふうふ》、玉名郡横島新地《たまなぐんよこしましんち》へ転居《てんきょ》	1861 アメリカ南北戦争《なんぼくせんそう》（～1865）
文久《ぶんきゅう》2年	1862	横井小楠《よこいしょうなん》、幕府政事総裁職松平春嶽《ばくふまつりごとそうさいしょくまつだいらしゅんがく》の政治顧問《せいじこもん》となる。士道忘却事件《しどうぼうきゃくじけん》	

元号《げんごう》	西暦《せいれき》	矢嶋家関係《やじまけかんけい》のできごと	日本《にほん》や世界《せかい》のできごと
文久3年	1863	久子《ひさこ》に長男猪一郎《ちょうなんいいちろう》（蘇峰《そほう》）誕生《たんじょう》。順子《じゅんこ》の一人娘《ひとりむすめ》、節子《せつこ》に新野尾熊太《にのおくまた》を養子《ようし》に迎《むか》える	
元治《げんじ》元年	1864	坂本龍馬《さかもとりょうま》、沼山津《ぬやまづ》の四時軒《しじけん》に小楠《しょうなん》を2度《ど》訪《たず》ねる。龍馬《りょうま》は翌年《よくねん》も沼山津《ぬやまづ》に小楠《しょうなん》を訪《たず》ねた	1865 第二次長州出兵《だいにじちょうしゅうしゅっぺい》（〜1886）
慶応《けいおう》2年	1866	小楠《しょうなん》、甥《おい》2人《ふたり》（横井左平太《よこいさへいた》、大平兄弟《だいへいきょうだい》）をアメリカに留学《りゅうがく》させる	薩長同盟《さっちょうどうめい》
明治《めいじ》元年	1868	横井小楠《よこいしょうなん》、明治政府《めいじせいふ》の参与《さんよ》となる。徳富久子《とくとみひさこ》、次男《じなん》の健次郎《けんじろう》（蘆花《ろか》）誕生《たんじょう》。勝子《かつこ》、林七郎《はやししちろう》と離婚《りこん》	1867 大政奉還《たいせいほうかん》（10月）、王政復古《おうせいふっこ》（12月）明治維新《めいじいしん》、鳥羽伏見《とばふしみ》の戦《たたか》い（〜1869）
明治2年	1869	横井小楠《よこいしょうなん》、京都《きょうと》で暗殺《あんさつ》される。竹崎律次郎《たけざきりつじろう》、徳富一敬《とくとみかずたか》『肥後藩政改革案《ひごはんせいかいかくあん》』を作成《さくせい》	版籍奉還《はんせきほうかん》
明治3年	1870	肥後藩政改革始《ひごはんせいかいかくはじ》まる（〜1873）。熊本藩庁出仕《くまもとはんちょうしゅっし》に伴《ともな》い、竹崎律次郎《たけざきりつじろう》は横島《よこしま》から熊本《くまもと》の高田原《こうだばる》に転居《てんきょ》。徳富一敬《とくとみかずたか》も水俣《みなまた》から熊本《くまもと》の大江《おおえ》に転居《てんきょ》	
明治4年	1871	横井大平《よこいだいへい》の尽力《じんりょく》で開校《かいこう》した「熊本洋学校《くまもとようがっこう》」にジェーンズが着任《ちゃくにん》。竹崎茶堂《たけざきさどう》は官《かん》を辞《じ》し、本山《もとやま》に日新堂《にっしんどう》を開塾《かいじゅく》。この年《とし》に大平病死《だいへいびょうし》	廃藩置県《はいはんちけん》 ドイツ帝国成立《ていこくせいりつ》
明治5年	1872	勝子《かつこ》、兄直方看病《あになおかたかんびょう》のため上京《じょうきょう》。「楫子《かじこ》」と改名《かいめい》	新橋《しんばし》・横浜間《よこはまかん》に鉄道開通《てつどうかいつう》
明治6年	1873	楫子《かじこ》、小学校訓導試験《しょうがっこうくんどうしけん》に合格《ごうかく》。桜川小学校《さくらがわしょうがっこう》に奉職《ほうしょく》 中央政府《ちゅうおうせいふ》から派遣《はけん》された県令《けんれい》、安岡良亮《やすおかりょうすけ》により実学党《じつがくとう》は政権《せいけん》から追《お》われ、徳富一敬《とくとみかずたか》は安岡県令《やすおかけんれい》と対立《たいりつ》し白川県《しらかわけん》を辞職《じしょく》	
明治7年	1874	久子《ひさこ》は娘婿《むすめむこ》の河田精一《かわたせいいち》と織物業《おりものぎょう》を興《おこ》す	

明治8年	1875	明治《めいじ》7年《ねん》にアメリカ留学《りゅうがく》から帰国《きこく》した横井小楠《よこいしょうなん》の甥左平太《おいさへいた》は元老院書記《げんろういんしょき》官《かん》となったが、結核《けっかく》のため死去《しきょ》	新島襄《にいじまじょう》、同志社英学校設立《どうししゃえいがっこうせつりつ》
明治9年	1876	1月《がつ》、洋学校《ようがっこう》の生徒《せいと》が「花岡山《はなおかやま》の誓《ちか》い」に参加《さんか》。この後《のち》、洋学校《ようがっこう》は閉《へい》校《こう》。その直後《ちょくご》に神風連《しんぷうれん》の変《へん》。竹崎茶堂《たけざきさどう》は「日新堂《にっしんどう》」を閉《と》じて高野辺田《こうやべた》に隠居《いんきょ》。矢嶋直方《やじまなおかた》、福岡県大参事兼七等判事《ふくおかけんだいさんじけんななとうはんじ》を辞《じ》して杉堂《すきどう》へ帰《かえ》る。直方《なおかた》、県会議員《けんかいぎいん》となる。私財《しざい》を投《とう》じ村人《むらびと》のために尽《つ》くした	
明治10年	1877	西南戦争《せいなんせんそう》。茶堂《さどう》と順子夫婦《じゅんこふうふ》は、伊倉《いくら》などへ避難《ひなん》、その後高野辺田《のちこうやべた》へ帰《かえ》ったが5月《がつ》に茶堂《さどう》66歳《さい》で死去《しきょ》	
明治11年	1878	楫子《かじこ》、ミセス・ツルーと出会《であ》い新栄女学校教師《しんさかえじょがっこうきょうし》となる	
明治12年	1879	楫子初《かじこはじ》めての帰熊《きゆう》。兄直方《あになおかた》の四男四郎《よんなんしろう》を引《ひ》き取《と》る。築地新栄教会《つきじしんさかえきょうかい》でタムソン博士《はかせ》により受洗《じゅせん》	
明治13年	1880	横井時雄《よこいときお》、同志社《どうししゃ》を卒業《そつぎょう》し伊予今治《いよいまばり》の牧師《ぼくし》として赴任《ふにん》	
明治14年	1881	つせ子一家《こいっか》が今治《いまばり》の時雄《ときお》の元《もと》へ転居《てんきょ》。この時兄弟姉妹《ときkyょうだいしまい》で写真《しゃしん》を撮《と》る。楫《かじ》子《こ》、桜井女学校《さくらいじょがっこう》の校長代理《こうちょうだいり》となる次女達子《じじょたつこ》を熊本《くまもと》から呼《よ》び寄《よ》せる	
明治15年	1882	徳富猪一郎《とくとみいいちろう》、熊本大江村《くまもとおおえむら》に私塾《しじゅく》「大江義塾《おおえぎじゅく》」(~1886)を開《ひら》く(塾長《じゅくちょう》)。次女《じじょ》もと子《こ》、東京《とうきょう》の長男《ちょうなん》(藤島正健《ふじしままさたけ》)の家《いえ》で62歳《さい》で死去《しきょ》	
明治16年	1883	小楠《しょうなん》・つせ子夫婦《こふうふ》の長女《ちょうじょ》みや子《こ》、海老名弾正《えびなだんじょう》(喜三郎《きさぶろう》)と結婚《けっこん》	鹿鳴館開館《ろくめいかんかいかん》
明治17年	1884	久子《ひさこ》、熊本《くまもと》のメソジスト教会《きょうかい》で受洗《じゅせん》	
明治18年	1885	直方《なおかた》、杉堂《すきどう》で63歳《さい》で病死《びょうし》。その功績《こうせき》を讃《たた》え村人《むらびと》が墓碑《ぼひ》を建立《こんりゅう》	

元号《げんごう》	西暦《せいれき》	矢嶋家関係《やじまけかんけい》のできごと	日本《にほん》や世界《せかい》のできごと
明治19年	1886	猪一郎《いいちろう》『将来之日本《しょうらいのにほん》』を出版《しゅっぱん》（7月《がつ》）。一躍《いちやく》ベストセラーとなる。久子《ひさこ》、女子教育《じょしきょういく》のための学校設立《がっこうせつりつ》の草案《そうあん》を不破《ふわ》つるらと作成《さくせい》（10月《がつ》）。「大江義塾《おおえぎじゅく》」を閉《と》じ徳富一家《とくとみいっか》は上京《じょうきょう》（12月《がつ》）。万国婦人禁酒会遊説委員《ばんこくふじんきんしゅかいゆうぜいいいん》のレビット女史来日《じょしらいにち》。東京《とうきょう》キリスト教婦人矯風会設立《きょうふじんきょうふうかいせつりつ》、楫子《かじこ》、会頭《かいとう》に就任《しゅうにん》	
明治20年	1887	蘇峰《そほう》、民友社設立《みんゆうしゃせつりつ》し総合雑誌《そうごうざっし》『国民之友《こくみんのとも》』創刊《そうかん》 徳永規矩《とくながのりかね》らによる熊本英語学会発足《くまもとえいごがっかいほっそく》。ほどなく不破《ふわ》つるらによる熊本女学会発足《くまもとじょがっかいほっそく》。順子《じゅんこ》・節子《せつこ》、キリスト教《きょう》に入信《にゅうしん》	
明治21年	1888	熊本英語学会《くまもとえいごがっかい》を母体《ぼたい》とする私立熊本英学校《しりつくまもとえいがっこう》の設置認可《せっちにんか》、校長《こうちょう》は海老名弾正《えびなだんじょう》	
明治22年	1889	熊本女学会《くまもとじょがっかい》を熊本英学校付属女学校《くまもとえいがっこうふぞくじょがっこう》と改称《かいしょう》（5月《がつ》） 11月《がつ》、私立熊本女学校認可《しりつくまもとじょがっこうにんか》。校長《こうちょう》は海老名弾正《えびなだんじょう》、順子《じゅんこ》は舎監《しゃかん》となる	大日本帝国憲法発布《だいにほんていこくけんぽうはっぷ》。皇室典範制定《こうしつてんぱんせいてい》
明治23年	1890	女子学院創立《じょしがくいんそうりつ》（桜井女学校《さくらいじょがっこう》と新栄女学校合併《しんさかえじょがっこうがっぺい》）。楫子《かじこ》、初代院長《しょだいいんちょう》に就任《しゅうにん》。 蘇峰《そほう》、「国民新聞《こくみんしんぶん》」を創刊《そうかん》	教育勅語発布《きょういくちょくごはっぷ》。第《だい》1回帝国議会開催《かいていこくぎかいかいさい》
明治25年	1892	蔵原惟郭《くらはらこれひろ》、熊本女学校校長《くまもとじょがっこうこうちょう》に就任《しゅうにん》。奥村禎次郎不敬事件起《おくむらていじろうふけいじけんお》こる（英学校《えいがっこう》はその後《のち》、九州私学校《きゅうしゅうしがっこう》と改称《かいしょう》したが経営難《けいえいなん》のため明治《めいじ》29年廃校《ねんはいこう》）	
明治26年	1893	日本《にほん》キリスト教婦人矯風会設立《きょうふじんきょうふうかいせつりつ》（現存《げんぞん》する最古《さいこ》の婦人団体《ふじんだんたい》）。楫子《かじこ》、初《しょ》代会頭《だいかいとう》に就任《しゅうにん》	
明治27年	1894	三村《みむら》にほ子《こ》、熊本市本山《くまもとしもとやま》で74歳《さい》で死去《しきょ》 横井《よこい》つせ子《こ》、神戸《こうべ》のみや子《こ》の家《いえ》で64歳《さい》で死去《しきょ》	日清戦争《にっしんせんそう》（～1895）
明治28年	1895	学校経営《がっこうけいえい》について蔵原校長《くらはらこうちょう》と順子《じゅんこ》の対立《たいりつ》。順子《じゅんこ》は身《み》を引《ひ》き、その後蔵原《のちくらはら》校長《こうちょう》は退任《たいにん》	下関条約締結《しものせきじょうやくていけつ》

明治29年	1896	ミセス・ツルー死去《しきょ》。もと子《こ》の孫《まご》の雪子《ゆきこ》、国文学者《こくぶんがくしゃ》で歌人《かじん》の佐佐木《ささき》信綱《のぶつな》に嫁《か》す	
明治30年	1897	私立熊本女学校独立《しりつくまもとじょがっこうどくりつ》（再認可《さいにんか》）。順子《じゅんこ》、校長《こうちょう》に就任《しゅうにん》	
明治34年	1901	矯風会会頭《きょうふうかいかいとう》・女子学院院長《じょしがくいんいんちょう》の楫子《かじこ》、九州巡回《きゅうしゅうじゅんかい》の途中熊本女学校《とちゅうくまもとじょがっこう》で講演《こうえん》	1902 日英同盟《にちえいどうめい》
明治38年	1905	順子《じゅんこ》、81歳《さい》で死去《しきょ》。福田令寿《ふくだれいじゅ》、校長《こうちょう》に就任《しゅうにん》	1904 日露戦争《にちろせんそう》（〜1905）
明治39年	1906	楫子《かじこ》、第《だい》7回万国矯風会《かいばんこくきょうふうかい》ボストン大会《たいかい》に出席《しゅっせき》（最初《さいしょ》の渡航《とこう》）。ルーズベルト米国大統領《べいこくだいとうりょう》に面会《めんかい》	1911 中国辛亥革命《ちゅうごくしんがいかくめい》
大正《たいしょう》3年	1914	一敬《かずたか》、逗子《ずし》で93歳《さい》で死去《しきょ》	第一次世界大戦《だいいちじせかいたいせん》（〜1918）
大正8年	1919	久子《ひさこ》、東京青山《とうきょうあおやま》の蘇峰《そほう》の家《いえ》で91歳《さい》で死去《しきょ》。貞子《さだこ》、前年《ぜんねん》に養子《ようし》の河瀬三平《かわせさんぺい》一家《いっか》が住《す》む満州《まんしゅう》へ渡《わた》る	ベルサイユ条約締結《じょうやくていけつ》
大正9年	1920	楫子《かじこ》、万国矯風会第《ばんこくきょうふうかいだい》10回《かい》ロンドン大会《たいかい》に出席《しゅっせき》（171日間《にちかん》の旅《たび》）	国際連盟成立《こくさいれんめいせいりつ》。日本《にほん》・常任理事国《じょうにんりじこく》
大正10年	1921	楫子《かじこ》、満州《まんしゅう》・朝鮮《ちょうせん》へ巡回旅行《じゅんかいりょこう》。88歳《さい》でワシントン軍縮会議《ぐんしゅくかいぎ》に出席《しゅっせき》、ハーディング米国大統領《べいこくだいとうりょう》に嘆願書《たんがんしょ》（平和《へいわ》を願《ねが》う1万人《まんにん》の署名《しょめい》の巻物《まきもの》）を渡《わた》す	
大正11年	1922	貞子《さだこ》、満州《まんしゅう》で84歳《さい》で死去《しきょ》	
大正12年	1923	関東大震災《かんとうだいしんさい》。矯風会《きょうふうかい》の新町事務所全焼《しんまちじむしょぜんしょう》 徳冨健次郎《とくとみけんじろう》、『竹崎順子《たけざきじゅんこ》』出版《しゅっぱん》	
大正14年	1925	楫子《かじこ》、92歳《さい》で死去《しきょ》。勲五等瑞宝章叙勲《くんごとうずいほうしょうじょくん》（従五位《じゅごい》）	治安維持法発布《ちあんいじほうはっぷ》
昭和《しょうわ》10年	1935	徳富蘇峰監修《とくとみそほうかんしゅう》、久布白落実編《くぶしろおちみへん》さん『矢嶋楫子伝《やじまかじこでん》』出版《しゅっぱん》	

あとがき

原作者《げんさくしゃ》 齊《さい》藤《とう》輝《てる》代《よ》

熊本地震《くまもとじしん》を越《こ》えて『まんが　四賢婦人物語《しけんふじんものがたり》』を皆《みな》さまのお手元《てもと》にお届《とど》けすることができました。平成《へいせい》28年《ねん》4月《がつ》、2回《かい》の地震《じしん》で益城町《ましきまち》は被害《ひがい》が大《おお》きく、漫画制作《まんがせいさく》をあきらめていました。震災《しんさい》から1年《ねん》が過《す》ぎた頃《ころ》、「制作《せいさく》が次年度《じねんど》まで延長《えんちょう》できることになりました」、との嬉《うれ》しい知《し》らせがありました。

平成《へいせい》29年《ねん》6月《がつ》から原作《げんさく》をシナリオに書《か》き直《なお》す作業《さぎょう》を始《はじ》め、名古屋在住《なごやざいじゅう》の漫画家《まんがか》、瀧玲子《たきれいこ》さんに作画《さくが》をお願《ねが》いしました。監修委員会《かんしゅういいんかい》には「はらからの会《かい》」の有志《ゆうし》の皆《みな》さんが参加《さんか》してくださいました。資料編《しりょうへん》の家系図《かけいず》、矢嶋家関係地図《やじまけかんけいちず》、年表《ねんぴょう》は赤星信幸《あかほしのぶゆき》さん、樫山隆昭《かしやまたかあき》さん、松野陽子《まつのようこ》さんの執筆《しっぴつ》です。

「小学校高学年《しょうがっこうこうがくねん》から中学生《ちゅうがくせい》に理解《りかい》できる表現《ひょうげん》」という観点《かんてん》から、言葉《ことば》の一《ひと》つひとつをチェックし、脚注《きゃくちゅう》を入《い》れましたが、小学生《しょうがくせい》の皆《みな》さんにとっては、難《むずか》しい言葉《ことば》や表現《ひょうげん》があるかもしれません。そんな時《とき》は辞書《じしょ》で調《しら》べてみてください。さらに関連《かんれん》のある他《ほか》の本《ほん》を読《よ》み深《ふか》めることで、世界《せかい》が広《ひろ》がると思《おも》います。

平成《へいせい》30年《ねん》（２０１８）は、明治元年《めいじがんねん》から１５０年目《ねんめ》を迎《むか》える節目《ふしめ》の年《とし》です。

武士《ぶし》の時代《じだい》を終《お》わらせ四民平等《しみんびょうどう》の新《あたら》しい日本《にっぽん》を築《きず》き、外国《がいこく》から国《くに》を守《まも》るために考《かんが》え悩《なや》み、多《おお》くの人々《ひとびと》が命《いのち》を懸《か》けて行動《こうどう》しました。そのような時代《じだい》に惣庄屋矢嶋家《そうじょうややじまけ》も一家総出《いっかそうで》で地域《ちいき》の発展《はってん》のために働《はたら》きました。

副題《ふくだい》として「時代《じだい》を切《き》り開《ひら》いた矢嶋家《やじまけ》の人々《ひとびと》」としましたのは、矢嶋家三代《やじまけさんだい》にわたって地域《ちいき》や社会《しゃかい》の発展《はってん》と教育《きょういく》の充実《じゅうじつ》、さらに女性《じょせい》の地位向上《ちいこうじょう》に力《ちから》を尽《つ》くした心意気《こころいき》と功績《こうせき》とを伝《つた》えたいとの思《おも》いからです。

矢嶋家《やじまけ》の人々《ひとびと》の生《い》きざまは、現代《げんだい》の私《わたし》たちにも、老若男女《ろうにゃくなんにょ》を問《と》わず多《おお》くの示唆《しさ》を与《あた》えてくれます。特《とく》に未来《みらい》を担《にな》う益城《ましき》の子《こ》どもたちにとって誇《ほこ》りと希望《きぼう》、郷土愛《きょうどあい》を育《はぐく》むための一助《いちじょ》になればと願《ねが》っています。

ご家庭《かてい》の居間《いま》に本書《ほんしょ》を置《お》いていただき、団《だん》らんの中《なか》で話題《わだい》のひとつとなれば幸《しあわ》せです。

刊行《かんこう》にあたりご協力《きょうりょく》をいただきました関係機関《かんけいきかん》、ご助言《じょげん》を賜《たまわ》りました皆様《みなさま》に感謝申《かんしゃもう》し上《あ》げます。

主な参考文献

『矢嶋楫子伝』 久布白落実編纂・徳富蘇峰監修　大空社
『矢嶋楫子』 守屋東著　婦人新報社
『竹崎順子』 徳冨健次郎著　福永書院
『矢嶋楫子生誕180年記念誌』 女子学院同窓会
『蘇峰自伝』 徳富猪一郎著　中央公論社
『わが母』 徳富猪一郎著　大空社
『徳富蘇峰の師友たち』 本井康博著　教文館
『横井小楠研究』 源了圓著　藤原書店
『横井小楠の弟子たち』 花立三郎著　藤原書店
『横井小楠』 山下卓著　熊本日日新聞情報文化センター
『横井小楠の実学思想』 堤克彦著　ぺりかん社
『横井小楠その思想と行動』 三上一夫著　吉川弘文館
『ジェーンズ熊本回想』 熊本日日新聞社
『新・熊本の歴史 6』 熊本日日新聞社
『近代熊本における国家と教育』 上河一之著　熊本出版文化会館
『七十五年の回顧』 大江高等学校抱節会
『益城町史』 通史編、史料・民俗編　益城町
『矢嶋家文書』 益城町教育委員会
など

まんが　四賢婦人物語
時代を切り開いた矢嶋家の人々

企　　画	益城町・益城町教育委員会
構成・原作	齊藤輝代 益城町在住。元公立学校教諭。平成26年度「熊本県民文芸賞」一席受賞。同27年『短編小説集　百年の綿菓子』出版。同28年「第１回安川電機九州文学賞」大賞受賞。朗読劇『四賢婦人』脚本・演者
漫　　画	瀧　玲子 漫画家。名古屋デザイン&テクノロジー専門学校講師。「コミック版日本の歴史シリーズ」（ポプラ社）で『淀殿』『細川ガラシャ』などの漫画を手掛ける
監　　修	はらからの会（四賢婦人記念館案内人） 赤星信幸・上坂義光・樫山隆昭・中川トミヨ・松野陽子
時代考証	堤　克彦（横井小楠研究家・文学博士）
協　　力	女子学院同窓会、日本キリスト教婦人矯風会
写真提供	福井市文化振興課、福井市立郷土歴史博物館、高知県立坂本龍馬記念館、同志社大学広報課、熊本草葉町教会

発行日	令和元年８月１日
発行者	益城町 〒861－2295　熊本県上益城郡益城町大字宮園702 電話096－286－3111
編集・制作・発売	熊日出版
印　　刷	今井印刷

＊１　「まんが　四賢婦人物語」は史実を題材にした物語です。
幕末、明治・大正という時代背景から人権意識に反する不適切な表現と思われる場面があるかもしれませんが、差別を意図したものではありません。

ISBN 978-4-908313-34-9 C0021
定価は表紙カバーに表示しています。
乱丁・落丁本は交換いたします。